POR QUE LUTAMOS?

MANUELA D'ÁVILA
POR QUE LUTAMOS?

Um livro sobre amor e liberdade

Planeta

Copyright © Manuela D'Ávila, 2019
Copyright © Editora Planeta do Brasil, 2019
Todos os direitos reservados.

Projeto editorial e edição de texto: Cris Lisbôa
Preparação: Alice Ramos
Revisão: Vanessa Almeida e Diego Franco Gonçales
Projeto Gráfico e Diagramação: Project Nine Editorial
Imagens de miolo: Shutterstock
Capa: Filipa Pinto | Foresti Design

Dados Internacionais de Catalogação na Publicação (CIP)
Angélica Ilacqua CRB-8/7057

D'Ávila, Manuela
  Por que lutamos?: um livro sobre amor e liberdade / Manuela D'Ávila. --
São Paulo: Planeta do Brasil, 2019.
  160 p.

ISBN: 978-85-422-1770-4

1. Não ficção 2. Feminismo 3. Mulheres 4. Liberdade I. Título

19-2042   CDD 305.42

Índices para catálogo sistemático:
1. Não ficção - Feminismo

2019
Todos os direitos desta edição reservados à
EDITORA PLANETA DO BRASIL LTDA.
Rua Bela Cintra 986, 4º andar – Consolação
São Paulo – SP CEP 01415-002
www.planetadelivros.com.br
faleconosco@editoraplaneta.com.br

À minha avó Solange, que sempre me contou sobre a mulher que ela poderia ter sido. A cada mulher que não conseguimos salvar.

Prefácio

Em algum momento deste livro, Manuela D'Ávila escreve que nem sempre foi feminista. Que, mais moça – eu sei, ela nem chegou aos quarenta, mas tem gente que é assim mesmo, BFF do tempo. Tipo o Caetano. Mas voltando: que ela, em algum momento da sua vida de "a mais jovem várias coisas", se gabou de, diferentemente da maioria das garotas, "só ter amigo homem" – como se isso a distinguisse positivamente de alguma forma (com o que, aliás, vergonhosamente, me identifiquei).

Que quando sua mãe se separou em 1977, ano da lei do divórcio, a fez perceber, ainda menina, que o novo estado civil de sua mãe – desquitada – a excluía de vários "lugares no mundo", e que isso era considerado perfeitamente "natural".

Que uma única frase de sua amiga Marcia Tiburi a fez ler o feminismo pela lente mais doce e amorosa que existe, já que, na definição da filosofa, "feminismo é o contrário da solidão". #Amei.

Que até os 23 anos, quando foi eleita vereadora, não tinha a menor ideia do quão protegida era dos efeitos do machismo, tanto dos homens – maioria absoluta na Câmara e também no Congresso – quanto das mulheres, o que doeu ainda mais.

Que o dia em que foi entrevistada pelo tradicional programa da TV Cultura, o Roda Viva, em junho de 2018, foi um dos piores e melhores de sua trajetória até aqui – lê que você vai entender.

Que a maternidade que já estava apontada com a criação de seu enteado Guilherme ampliou infinita e irreversivelmente sua consciência de privilegiada, já, que poucas brasileiras podem, assim como ela fez, amamentar sua filha Laura exclusivamente com o leite materno até os 6 meses. Aliás, recomendo agora um Google na foto delas em Brasília...

E por aí vai. Uma descoberta atrás da outra, sendo algumas bastante surpreendentes. Manuela – pra mim a detentora oficial da camiseta "Lute como uma garota" – nos oferece nestas páginas o seu caminho, até, como dizia Simone de Beauvoir, se tornar a mulher que é hoje: alguém que pode até não ter um selo de "100% feminista" – como se isso existisse – mas que, todos os dias, busca fazer diferença na igualdade, não só entre meninos e meninas, mas, principalmente, entre a gente, que cresceu ouvindo que "mulher não é amiga de mulher".

Eu quero ser amiga dela, e acho que você também vai querer.

Maria Ribeiro,
Atriz e escritora

"Se és uma mulher forte
protege-te com palavras e árvores.
E invoca a memória de mulheres antigas.
Tens que saber que és um campo magnético
para onde viajarão gritando os pregos enferrujados
e o óxido mortal de todos os naufrágios.
Ampara, mas ampara-te primeiro.
Guarda as distâncias.
Constrói-te. Cuida-te.
Entesoura teu poder.
Defende-o.
Faça-o por ti.
Te peço em nome de nós todas."

Conselho para uma mulher forte
Gioconda Belli

Luta. Substantivo feminino. Feminino? Feminismo não é antifeminino? É o contrário do machismo? Não, feminismo é o contrário da solidão. [1] Feminismo, corpos, pelos, cabelos. Aborto. Estupro. Salário menor, assédio, trabalho maior. "Filhos: melhor não tê-los, mas se não tê-los, como sabê-los?"[2] Maternidade compulsória, creches, trabalho doméstico, trabalho não remunerado. Solidão, cuidado. Cuidado é diferente de amor. Classe social. Identidade? Desigualdade. Racismo, lesbofobia, transfobia: existe espaço para mulheres trans no nosso feminismo? Antifeminista, feminista porém feminina, igualdade e não superioridade das mulheres, *mansplaining*, micromachismo, cultura de estupro, *manterrupting*, *gaslighting*, objetificação, patriarcado, feminicídio, misoginia, interseccionalidade, *bropriating*, *revenge porn*, empoderamento, sororidade. Lugar de homem, lugar de mulher, brincadeira de menino, brincadeira de menina, segura esse choro, cruza as pernas direito, que roupa masculina! Gorda demais, magra demais, bunda demais, bunda de menos. Violência. Em casa: pai, marido, irmão, vizinho. Poder, espaço público, participação, visibilidade, voz. Cotas, rivalidade, sororidade, dororidade.[3]

Você está aí?

Luta.

Luta Luta Luta Luta
Luta Luta Luta Luta
Luta Luta Luta Luta
Luta Luta Luta Luta Luta Luta Luta Luta Luta
Luta Luta Luta Luta Luta Luta Luta Luta Luta
Luta Luta Luta Luta Luta Luta Luta Luta Luta
Luta Luta Luta Luta Luta Luta Luta Luta Luta
Luta Luta Luta Luta Luta Luta Luta Luta Luta
Luta Luta Luta Luta Luta Luta Luta Luta Luta
Luta Luta Luta Luta Luta Luta Luta Luta Luta
Luta Luta Luta Luta Luta Luta Luta Luta Luta
Luta Luta Luta Luta Luta Luta Luta Luta Luta
Luta Luta Luta Luta Luta Luta Luta Luta Luta
Luta Luta Luta Luta Luta Luta Luta Luta Luta
Luta Luta Luta Luta Luta Luta Luta Luta Luta
Luta Luta Luta Luta Luta Luta Luta Luta Luta
Luta Luta Luta Luta Luta Luta Luta Luta Luta
Luta Luta Luta Luta Luta Luta Luta Luta Luta
Luta Luta Luta Luta Luta Luta Luta Luta Luta
Luta Luta Luta Luta Luta Luta Luta Luta Luta
Luta Luta Luta Luta Luta Luta Luta Luta Luta
Luta Luta Luta Luta Luta Luta Luta Luta Luta
Luta Luta Luta Luta Luta Luta Luta Luta Luta
Luta Luta Luta Luta Luta Luta Luta Luta Luta
Luta Luta Luta Luta Luta Luta Luta Luta Luta
Luta Luta Luta Luta Luta Luta Luta Luta Luta

Apresentação

A internet berra. Diz que as feministas odeiam homens. E a verdade? O feminismo é uma jornada de amor. O primeiro, por vezes doloroso para nós mulheres, o amor-próprio. O segundo, o amor pela ideia de que podemos ser livres para viver a potência de nossas possibilidades. O terceiro, o amor pela humanidade em toda sua diversidade. *"Como você ama a si mesma é como você ensina todo mundo a te amar"*, escreveu a poetisa Rupi Kaur. E coloco aqui. Porque o feminismo é a ideia amorosa de que é possível construir um mundo onde homens e mulheres sejam pessoas. Com igualdades sociais, políticas e econômicas. Você consegue enxergar algum ódio nisso?

Dia desses, durante uma conversa sobre incoerência entre discurso e prática, uma amiga lembrou-se de uma frase bíblica, talvez uma das mais conhecidas de Jesus

Cristo: "Amai ao próximo como a ti mesmo" (Mateus 22:39). Então, paramos para pensar o quão revolucionária é essa frase para as mulheres. As mulheres amam aos outros mais do que a si mesmas. E esse amor ao próximo, em nossa cultura, é visto como o amor negado a si: amo a meus filhos mais do que a mim, amo a meu companheiro mais do que a mim. Isso não é casual, não é uma escolha. É uma imposição. Assim como é assimilar uma cultura que nos responsabiliza pela jornada dupla de trabalho, as responsabilidades básicas como higiene da casa e cuidados com crianças, como se homens fossem incapazes de lavar louça ou buscar seus filhos e filhas na escola. Ao mesmo tempo, somos ensinadas direta e indiretamente a odiar a nossos corpos, a desacreditar nossas capacidades físicas e intelectuais. E a nos responsabilizar pela violência que sofremos: "fui estuprada porque uso roupa justa", "fui assediada por estar solteira e sair com o outro colega de trabalho", "meu filho foi executado porque eu não consegui me dedicar a ele como deveria". Você acha justo toda essa carga mental, social e física?

Nós, mulheres feministas, não achamos. Assim como não achamos normal aceitar o controle de nossos corpos e vidas como se isso fosse cuidado ou carinho; ciúme e violência como sinônimos de prova de amor; o casamento como status social (afinal, somos inteiras, não temos metades espalhadas por aí).

Queremos a liberdade da igualdade. Juntas!

Porque mulheres não são rivais, embora os contos de fada tenham dito isso nas entrelinhas durante séculos. Na vida real, "mulheres são como as águas, crescem quando se encontram". Na prática, essa frase escrita em cartazes exibidos em manifestações de todo o país significa que é preciso acolher, reunir, dar as mãos. Então, quem ainda não se reconhece como uma mulher feminista ou não se enxerga nas pessoas que estão falando sobre o assunto precisa saber: no feminismo tem espaço para você construir sua caminhada. Você não precisa concordar com todos os pontos da mulher que falou sobre feminismo na televisão, pode ser mãe, dona de casa, cientista, religiosa ou ateia. "Feminismo não é um livro de regras, mas, uma discussão, uma conversa, um processo" disse Tavi Gevinson, criadora do site Rookie Mag, um dos sites mais influentes nas discussões sobre o feminismo na modernidade. Assim, quando nós falamos que homens não dividem responsabilidades, nós não estamos falando sobre o meu ou o seu marido que divide responsabilidades. Estamos falando da maioria. Quando nós questionamos a compulsoriedade da maternidade, não estamos falando sobre a tua escolha de ser mãe, mas sobre um ideal na sociedade que diz que mulheres somente são felizes quando são mães. Quando falamos que mulheres são machistas, não estamos falando de ti, mas de nós todas que estamos em constante processo de desconstrução de verdades outrora tão absolutas.

E é por isso que escrevi este livro. Um livro sobre amor. Não sobre amor romântico, mas sobre o amor como potência, força de luta. Afinal, gerações de mulheres lutaram para que a gente usasse calça, votasse, pudesse se divorciar. E, se você é uma mulher branca, lutaram também para que você trabalhasse fora de casa, porque esse papo de luta pelo trabalho é luta de mulher branca. As mulheres negras lutaram por sua liberdade diante da escravidão e seguem lutando para que o Estado as enxergue.

Com este livro quero te convidar para pensar se tu sempre gostaste de ti mesma, se tu viveste relacionamentos abusivos e se tu consegues te ver como parceira de outras mulheres: se tu consegues ver a outras mulheres, seus lugares, suas histórias, suas lutas. Quero que olhes para os lados e percebas teus privilégios para que tenhamos mais força para as lutas que temos pela frente. Quero que tu possas escutar uma mulher dizendo: "Eu não preciso do feminismo, eu odeio as feministas, eu não sou feminista" e – afetuosa e generosamente – perguntar e ouvir os motivos, apresentar informações e convidar a refletir.

E, sobretudo, quero que a gente possa conversar sem medo. Sem medo umas das outras. Sem medo de dizer que não sabe. Sem medo de dizer que não entende. Sem medo de dizer que pensava assim. Sem medo de dizer que agiu de um jeito e que vai se esforçar muito para agir de outro.

Vamos?

Tomara que sim.

"Mulheres são como as águas, crescem quando se encontram."

Frase lida em cartazes nas manifestações de todo o país.

Antes de tudo, uma palavrinha sobre liberdade, piscina, coragem e voz.

Um livro sobre feminismo é também um livro sobre liberdade. Sobre mulheres serem livres. Livres em todas as dimensões. E ainda (até quando?) são tantas as barreiras que nos aprisionam.

Uma das mais evidentes é a busca da liberdade econômica. Encontrar um trabalho digno que remunere igualmente mulheres e homens na mesma função.

Onde ninguém adoeça de medo porque o chefe assedia. E para o qual uma mulher possa se deslocar sem enfrentar assédio no transporte coletivo, porque, sim, o transporte público no Brasil ainda é ruim para o conjunto de trabalhadores e consegue ser ainda pior se você é uma mulher, que pode entrar naquela lata de sardinha móvel e sair com a roupa manchada pelo sêmen de um homem que você nunca viu.

De acordo com os dados do PNUD, mesmo estando entre as 10 economias globais, o Brasil passou a ocupar, em 2018, a 9ª pior posição no ranking de desigualdade de renda quando aferimos o Coeficiente de Gini em 189 países. Para pensarmos em medidas de enfrentamento à desigualdade econômica brasileira é preciso que partamos do pressuposto que as questões regional, de gênero e raça são estruturantes, e que, tal desigualdade, diante da crise econômica enfrentada pelo país, cresce. O relatório da Oxfam Brasil, baseado em dados da Pesquisa Nacional por Amostra de Domicílio Contínua (Pnad) de 2016 e 2017, do Instituto Brasileiro de Geografia e Estatística (IBGE) em 2016, mostra que as mulheres ganhavam em média 72% do que ganhavam os homens no Brasil, proporção que caiu para 70% em 2017, o primeiro recuo em vinte e três anos. O relatório mostra ainda que um trabalhador negro recebia em média 57% do que recebe um trabalhador branco, e que agora recebe apenas 53%. Na base dessa pirâmide estão as mulheres negras. O Pnad mostra ainda que mais de 40% das famílias brasileiras são chefiadas por mulheres, destes lares 26,8% são compostos por mães solo com filhos.

E essa busca pela liberdade relacionada à dimensão econômica, isto é, à sobrevivência material, se entrelaça com outro viés quando você é mulher e mãe em um país machista como o Brasil. Ah, agora vai querer vincular feminismo com maternidade? Sim, vou querer. Aliás, é o que mais quero nessa vida militante. Seis milhões de crianças sequer têm o registro do pai na certidão de nascimento. Quase 30 milhões de moradias são chefiadas por mulheres no Brasil. Tudo bem, tudo tri, como se diz lá na minha Porto Alegre querida. Tudo bem? Como ser livre para trabalhar se cria sozinha uma filha ou filho que não fez sozinha? A sociedade cobra tão pouco, ou quase nada, desses homens que quando pagam pensão já são tidos como heróis. Vejo isso todos os dias pela ausência de cobrança com relação aos filhos pequenos de homens públicos. Ou você já viu alguém perguntar, em uma entrevista: "Com quem estão suas crianças enquanto o senhor está aqui, 22 horas de uma segunda-feira, conversando sobre os rumos do país?".

No Brasil, segundo a UNICEF (Fundo das Nações Unidas para a Infância) somente 32,7% das crianças de até 3 anos frequentavam a creche em 2017. Surpresa! Quem será que fica com essas crianças? Por isso, toda vez que você ou alguém que você conhece disser que gosta de programas sociais ou de políticas públicas para crianças, mas não entende aqueles dirigidos a adultos, lembre-se de que crianças não crescem sozinhas e que em sociedades machistas, como a nossa, elas crescem penduradas apenas na barra da saia das mães, ou seja, é impossível vencer a pobreza infantil sem vencer a de suas famílias, sem vencer as de suas mães.

Importante lembrar que o feminismo é também sobre a liberdade de existirmos nesse mundo e sermos felizes sem nos tornarmos mães. Sobre pararem de nos vender uma ideia de realização, plenitude e vitória vinculada à maternidade e ao casamento. Como se uma mulher só "servisse" para o mundo ao ser mãe. Você que não é mãe por escolha, sabe do que estou falando. Você que não teve vontade, achou trabalhoso (e é), não encontrou um companheiro que topasse uma caminhada de vida toda (juntos ou separados, ser pai e mãe não é estado civil), não teve vontade, *sei lá*. Você. É um tal de toda hora: "Não vai ter filho? O tempo vai passar e você vai se arrepender. Você sempre disse que teria". Sim! O tempo vai passar o tempo todo e você vai se arrepender o tempo todo de muitas decisões tomadas e não tomadas. Eu, por exemplo, me arrependo, às vezes, de não ter feito o curso de

Direito. Efeito borboleta, né? Teria acontecido tudo o que aconteceu depois? Sei lá! Arrependimento dá e passa. E se eu tivesse feito tudo aquilo o que sonhei até os 10 anos eu seria veterinária e estaria escrevendo outro livro. Ou lendo.

Outra barreira é viver em paz com o corpo. Não ser prisioneira de padrões únicos de beleza que são estruturados de forma racista (sempre brancos), absolutamente gordofóbicos, heteronormativos. Porque só existe beleza branca, magra, hétero, né? É preciso ser delicada e sorrir sem gargalhar. É preciso ter peitos, mas não muito. Ter bunda, mas não muita. Cintura fina, cabelo comprido, usar salto alto e mais, nem vou listar. Não pretendo repetir aqui ideias do que é preciso porque nada é preciso. Corpos são únicos e perfeitos porque nos acolhem em nossa diversidade. Chega! Vejam os homens nas praias nos finais de semana. Vejam os homens nos microfones. Vejam os homens tendo certeza absoluta de que merecem ser amados como são. Enquanto isso, quantas de nós não mergulham mais no mar porque acreditam não ter um "corpo de verão"? Quantas de nós deixamos de falar em público porque não nos sentimos seguras, e quanto dessa insegurança tem relação com nosso não estar feliz fisicamente? Quantas de nós vivemos relacionamentos abusivos por imaginarmos que nenhum outro homem amaria uma mulher marcada por estrias?

Nossa liberdade é também a liberdade de vivermos nossa sexualidade, de nos relacionarmos, de existirmos sexualmente sem isso nos tornar vulneráveis. Pensa comigo: homens são criados desde a primeira infância (isso significa desde que são bebês) com brincadeiras tolas de adultos para serem "os comedores", "pegarem geral", e mulheres são criadas para serem puras e castas. Essa é uma equação que não dá certo. O mesmo pai e a mesma mãe criam um casal de filhos assim: menina para não transar com ninguém, menino para transar com todas as mulheres que encontrar. Mas imagine que essas filhas mulheres aprendam, mesmo que eventualmente fora de casa, a dizer "não" e que são sexualmente livres. Como conviver com homens que vivem a masculinidade e exercem a sexualidade da mesma maneira que seus pais? Eu ouvi você pensar: violência? Pois é.

Mas será que sonhamos ser livres como são livres os homens? **Ouso dizer que nossa luta é pela reinvenção da ideia de liberdade.** E quero falar também sobre isso contigo. Porque nosso ideal de liberdade não pode oprimir ninguém, né? Não queremos chegar aos espaços em que eles chegaram da mesma maneira porque conhecemos esse caminho, ele é marcado por privilégios e opressões. Por isso, não dá pra querer só destruir o chamado "teto de vidro", expressão que significa um obstáculo invisível na carreira de mulheres. É preciso mudar os espaços. Porque não há como existir um mundo em que algumas mulheres sejam livres e outras não. Ou um mundo em que todas as mulheres sejam livres e os homens sigam se imaginando e agindo como donos de mulheres, as objetificando (entende a expressão? A gente é dono do objeto, a gente objetifica). Essa talvez seja uma das mais importantes reflexões que necessitamos fazer.

A de que nossa liberdade, pra ser livre mesmo, pra não oprimir, precisa ser a busca da liberdade da humanidade, a busca da emancipação dela. Se não for liberdade para 99%[4] podemos até, individualmente, chegar ao lugar em que os homens chegaram, onde queríamos individualmente chegar. Só não seremos livres de verdade. Porque a humanidade não será. Ou seja, nosso feminismo precisa ser popular. Precisa ser útil, real e estar a serviço de uma mulher que talvez está lendo este livro para um trabalho de faculdade e também, vou repetir, e também para a mulher que não consegue colocar comida na mesa dos filhos. Se não for assim, não será. Afinal, é justo que a gente fale sobre corpos livres, cabelos e pelos. Se isso não servir para que possamos enfrentar o racismo e a gordofobia disfarçados nas plaquinhas de "boa aparência" das ofertas de emprego, não serve. É necessário defender o teu direito de escolher não ser mãe porque não está pronta ou não quer. Se teu direito não for estendido até aquela mulher que não pode criar mais um filho em um ambiente sem comida, escola, saneamento básico e vai tomar um remédio e sangrar até morrer, sem assistência médica, ele não é real.

O feminismo tem que dar voz para as atrizes que se uniram contra o assédio e também descobrir como dar voz para todas as empregadas domésticas que foram violentadas naquele quartinho sem banheiro e sem janela lá atrás do duplex no Leblon. E que calaram. Por quê? Ué? Nem direitos trabalhistas elas tinham até bem pouco tempo atrás, muitas viviam como quase escravas. Por que alguém as ouviria, não é mesmo? Você as ouviu?

O machismo, afinal, é como uma piscina. Todas as pessoas estão se molhando. Algumas, apenas a sola dos pés, outras quase morrendo afogadas.

> Como a gente sai dela?
> Com liberdade, voz e coragem.
> De mãos dadas e ao mesmo tempo.
> Vem.

Um livro sobre feminismo é também um livro sobre liberdade.

Não somos todas iguais. Temos causas que nos unem.

Sou jornalista, mestre em Políticas Públicas, nasci em 1981. Fui militante do movimento estudantil, vereadora, deputada federal e estadual, pré-candidata à Presidência e candidata a vice-presidente na chapa que chegou ao segundo turno das eleições presidenciais contra Jair Bolsonaro. Sou mãe da Laura, madrasta do Gui, casada com o Duca, filha de uma família marcada pela forte presença de mulheres. Sou uma mulher brasileira branca, filha da chamada classe média (ou pequena burguesia) com a vida marcada por privilégios.

Diante dos olhos de algumas pessoas, furei o chamado "telhado ou teto de vidro" por ter ocupado tantos lugares em que mulheres ainda são sub-representadas. Diante dos olhares de quem nega a existência de uma sociedade machista, não fiz nada de mais: cheguei aonde qualquer um pode chegar. Diante dos meus próprios olhos, escrevi a minha história com muita luta em "condições objetivas muitíssimo favoráveis que me foram dadas", parafraseando Karl Marx em *O 18 de brumário de Luís Bonaparte*.

Sou uma **feminista marxista**, que acredita na **interseccionalidade**, ou seja, o hiato não está apenas nas diferenças entre homens e mulheres, mas na conjugação destas com classe, raça e identidade/orientação sexual. Defendo o chamado **feminismo emancipacionista**, cuja ideia é a de que não basta nos libertarmos individualmente e nem apenas a nós mulheres, é preciso construir as condições para a liberdade de toda a humanidade. Quero que você saiba quem eu sou – enquanto feminista – porque nós feministas não cabemos todas em uma única concepção teórica, existem muitos caminhos, por isso, o correto é dizer que existem vertentes feministas ou **feminismos** e não feminismo.

Em comum, nós feministas acreditamos, queremos e lutamos pra que mulheres e homens tenham os mesmos direitos. E compartilhamos alguns sonhos. Não todos.

Existe o feminismo marxista, o feminismo liberal, o feminismo negro, o feminismo interseccional, o feminismo radical, o feminismo lésbico, o transfeminismo, o anarcofeminismo, o emancipacionismo. É mesmo uma sopa de letrinhas, e entendo que não é muito fácil acompanhar tudo. Estou listando aqui pra você saber que, às vezes, se não concorda com uma de nós é porque talvez simplesmente pense diferente! E está tudo certo. Dá pra pensar diferente em alguns pontos e até em muitos. A gente só não pode reproduzir esse ambiente, entre nós, de caça às bruxas que existe por aí.

Por exemplo, não compartilho da visão das chamadas *radfem* (feministas radicais) sobre as transexuais. Na minha compreensão pessoal, mesmo que tenham sido socializadas como homens (afinal, nasceram homens), não são naturalmente "opressores". Afinal, se como disse em 1949 Simone de Beauvoir, "não se nasce mulher, torna-se mulher". No sentido do significado da opressão social e cultural, não estariam essas feministas, ao excluírem as transexuais, acreditando em uma espécie de destino biológico para as mulheres? A meu ver, sim. Isso é uma diferença entre nós. Considero grande porque dentre as violências que as mulheres brasileiras sofrem, não dar visibilidade à violência que as mulheres trans sofrem me parece bastante grave, já que de acordo com o levantamento da Associação

Nacional de Travestis e Transexuais (Antra), feito em conjunto com o Instituto Brasileiro Trans de Educação (IBTE), 163 pessoas trans foram assassinadas no país em 2018. Segundo o relatório, 97% são travestis e mulheres trans, 82% são pretas ou pardas. No mundo todo, nenhum país mata tanto transexuais quanto o Brasil, segundo a ONG Transgender Europe.

Ou seja, discordamos. Vida que segue. Temos como fazer o debate no campo das ideias. Sem violências, sem agressão, sem perseguição. Porque as opiniões podem e devem ser diferentes, o que interessa é descobrir qual o caminho que nos faz respeitar as nossas diferenças, para que jamais voltemos a silenciá-las e guardando a convicção que quanto mais próximas andarmos, mais alto ecoará o barulho de nossos passos.

Exatamente agora sou uma mulher escrevendo sobre nossas lutas para que mulheres vivam com dignidade e liberdade nesse mundo ainda tão desigual. A partir de temas que foram aparecendo ao longo da minha vida e militância, que vivi na pele e vi outras mulheres viverem também. Talvez para algumas de vocês eles nem sejam os mais importantes. Estou fazendo isso porque acredito que é preciso ampliar e amplificar o debate, o alcance das informações. Porque é urgente acolher quem ainda não sabe o que a gente aprendeu a saber. Cada uma de nós a partir de seu lugar. Buscando enxergar, entender e acolher o lugar da outra. Sempre.

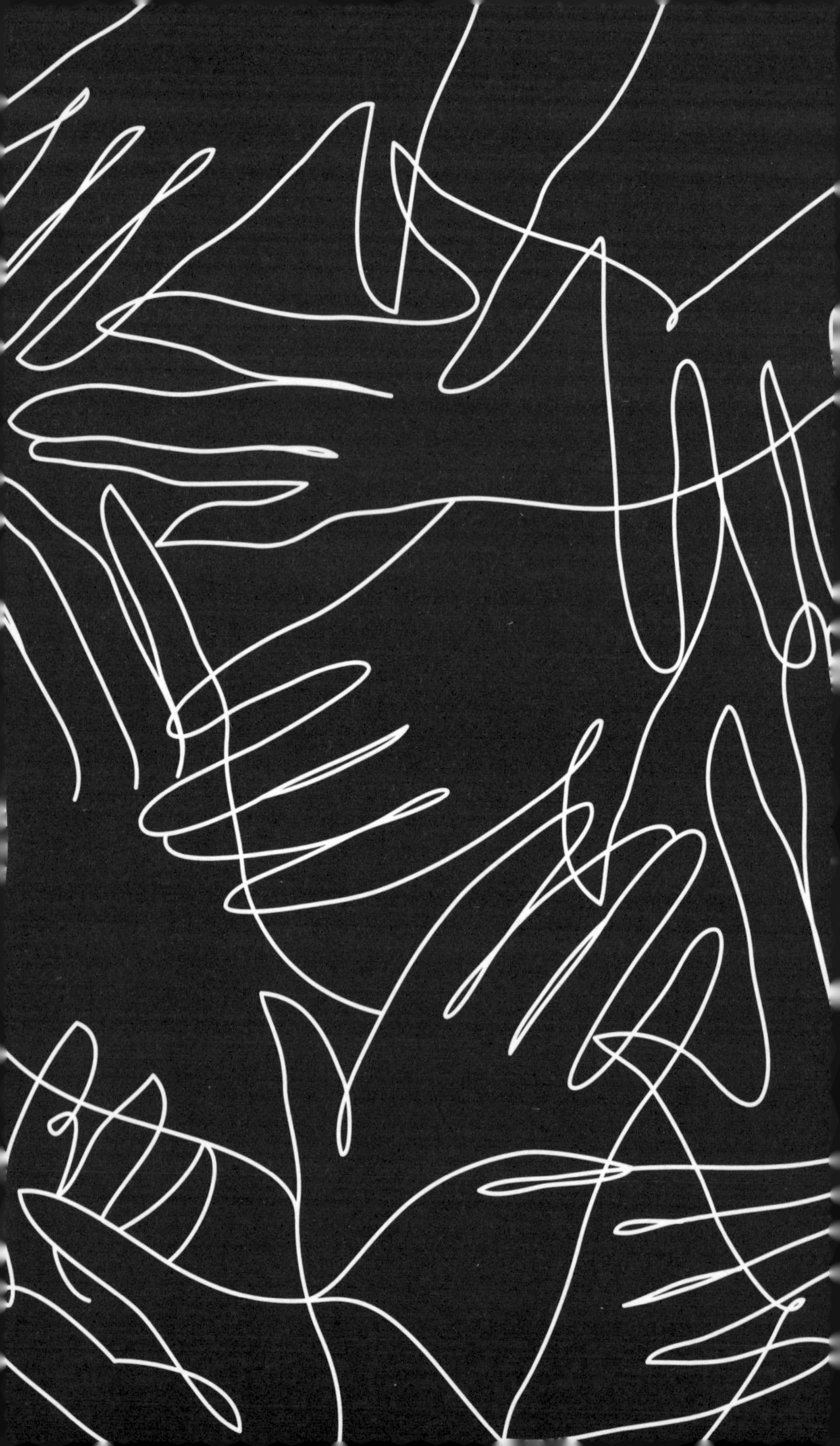

Quanto mais próximas andarmos, mais alto ecoará o barulho de nossos passos.

E você, que tipo de feminista é?
E sua mãe?
Sua irmã?
Suas amigas?

....

....

....

....

....

....

....

Meus encontros com os feminismos.

Eu não era feminista. Não nasci feminista. E eu já era eu, quase a mesma que você conhece. Talvez bem perto de ser a pessoa que fez você ter curiosidade para comprar este livro e ainda assim não me reivindicava uma feminista. Palavra de honra.

Sou a quarta filha de cinco irmãos. Minha mãe se desquitou em 1977, ano da Lei do Divórcio, e, mesmo sendo uma mulher branca de classe média, se viu desempregada, sem trabalho e sem saber ter um trabalho, tendo trancado a faculdade de Direito para se casar com o pai de minhas três irmãs mais velhas. Minha mãe foi uma dessas mulheres excluídas das festas de aniversário e círculos familiares, essas mulheres que você vê na televisão meio que sem querer ser. Ela não tinha consciência de nada, era década de 1970, e ela não tinha lutado contra a ditadura nem queimado sutiãs em 1968, mas a vida real a havia levado até aquele lugar. Vieram as aulas de violão, inglês, piano (as coisas que uma moça criada para casar sabia fazer) e a busca pela readmissão na faculdade. Veio o encontro com meu pai numa palestra no Prestes, veio a faculdade com três filhas, a gravidez da quarta filha (eu!), o estágio para bater café e comprar meias-calças para a esposa do chefe (que hoje é ministra numa corte superior). Veio meu irmão, o concurso para pretora, juíza, o preconceito, a carreira, a separação. Eu sou filha dessa mulher. E do homem que virou companheiro dela e criou suas três filhas como dele. De um professor universitário militante de esquerda que sempre tentou fazer do mundo um lugar melhor, nunca defendendo teses, sendo a mudança que acredita no mundo.

Então, sendo eu uma mulher branca, de classe média e filha da minha família, sempre achei que o mundo era todo das mulheres. Como seria diferente?

Seria diferente quando eu me tornasse militante. Aliás, isso é o que sou desde muito jovem. Me tornei militante contra a desigualdade social. Essa é a origem de minha militância política. Acreditava que a desigualdade estava concentrada na questão econômica, na distribuição da riqueza. E, aos poucos, me tornei uma militante marxista. Então, se em 1999, aos 17 anos, eu já estava nas ruas, nas praças e nas universidades com a União da Juventude Socialista lutando contra a miséria. Se eu já era uma das poucas mulheres, pouco tempo depois, a ocupar espaços de direção política na própria UJS e União Nacional dos Estudantes, ainda era da turma de mulheres que desconhecia, que ignorava a importância do feminismo.

Acreditava que era uma espécie de diminuição da minha militância debater "assuntos de mulheres" se eu queria e podia debater economia. Assim, reproduzia preconceitos horríveis. Vou contar alguns para que vocês ou se sintam acolhidas ou acolham pessoas que estão excluindo das nossas "rodinhas", porque não as consideram "boas o suficiente" por não terem o selo "100% feminista raiz" (eu não tenho esse selo e também não sei quem o concede).

Vamos lá. Adorava dizer e pensar que só tinha amigos homens e que era aceita nesse círculo sagrado de relações deles. Significava que era uma igual, que não tinha o comportamento marcado pelas "fraquezas" femininas. Tenho vergonha até de pensar uma frase dessas, imagina escrever. Mas pensava isso mesmo. Tô aqui com o coração aberto, percebeu? Também reproduzia – com outras mulheres, diga-se de passagem – muitas ideias absolutamente tolas e machistas (acho que tolice e machismo são sinônimos, né?) sobre as mulheres feministas. Tipo dizer que elas eram chatas, frustradas etc. Claro que existem feministas chatas. Como existem pessoas chatas em qualquer lugar. Não é sobre isso que estou falando. É sobre essas ideias senso comum mesmo, que hoje circulam com facilidade na internet. Obviamente não reproduzia com desprezo e nem de forma engajada. Não faz diferença nenhuma, né?

Até que eu fui eleita vereadora, com 23 anos, e tomei contato com a realidade. A realidade das mulheres de minha cidade fora do movimento estudantil (estamos em 2004, a universidade ainda não tinha nem cotas e nem Prouni) e a minha própria realidade de mulher na política. Me vi ali, sozinha, sendo hostilizada até por outras mulheres (como eu mesma fazia!). Pouco tempo depois, aos 25 anos, fui eleita a deputada mais votada do Rio Grande do Sul e caí numa Câmara Federal absolutamente machista. Veja, estamos em 2006. Você ainda não estava nas ruas, ainda não estávamos diante do movimento estrondoso de mulheres nas ruas. Eu era tratada assim.

Lendo o que jornalistas escreviam e jornais e revistas publicavam, na época, dá pra entender o tanto do que falo de objetificação, de ausência de representação, de sub-representação. Não por nada, quatro anos depois, quando fui eleita a deputada mais votada do Brasil, me tornei tão amiga de Jean Wyllys. Ele tinha um marcador de opressão tão forte quanto o meu dentro do Congresso Nacional.

Então, a minha própria realidade ao chegar no Congresso e a consciência da realidade de outras mulheres e de suas vidas tão diferentes da minha foram fundamentais para o meu primeiro e profundo despertar feminista. E ele ainda era muito solitário.

O segundo despertar foi a maternidade. Aliás, viver a maternidade em 2015 foi essencial na minha história. Porque nesse potente movimento de mulheres do nosso tempo há um encontro intergeracional que nos liberta: as de 15, 20, 30, 40, 60. Todas ao mesmo tempo. Com as questões que são relevantes para nós. Com os passos e andares que foram trilhados por nossas antepassadas, porque, é claro, o feminismo vem de longe, ele não surgiu com essas meninas tão jovens no final da década passada. Mas elas, essas meninas, essas garotas, gritaram por todas nós. E nós gritamos juntas. E eu vivi e vivo minha maternidade nesse momento em que tudo isso estava vibrando na sociedade. Tenho uma filha, uma menina, vai ser uma mulher. Ela me levou até o encontro com o significado da maternidade e do trabalho reprodutivo, com o ideal de mulher nessa sociedade, com os limites do próprio feminismo e da esquerda em me acolher como mulher que se tornou mãe, mas que vive num tempo em que muitas mulheres também gritam por sua liberdade. Caminhamos juntas. Você está ouvindo nossos passos?

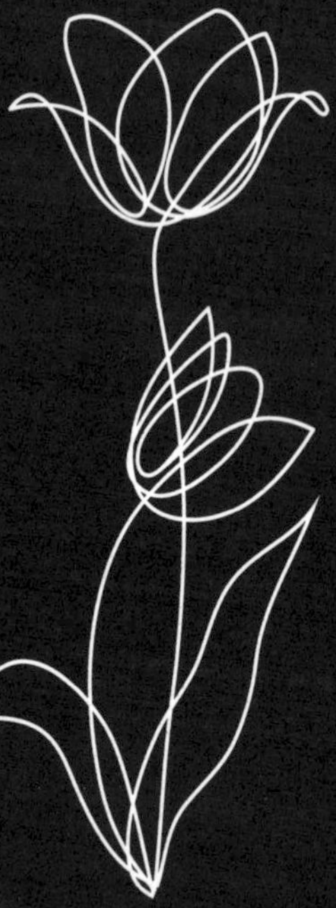

Caminhamos juntas. Você está ouvindo nossos passos?

Quando você se descobriu feminista?
Como?
Onde?
Me conta.

....
....
....
....
....
....
....

Agora preciso falar com você sobre as noções de consciência e privilégio.

Quero te convidar para trabalhar com a noção de consciência de forma ampla, percebendo que você nem sempre soube aquilo que sabe hoje e tampouco sempre foi como é agora. Tratemos esse "saber o que sabia" como o tornar-se consciente. Se você nem sempre soube, você nem sempre agiu como age. Se você nem sempre soube, outras também podem não saber.

Pois tô escrevendo este livro também pra quem não se sabe feminista e talvez, em algum momento, vai sentir vergonha de um ou outro discurso no bar, uma ou várias postagens nas redes sociais. Aliás: tá tudo bem, viu? Aconteceu, acontece, pode acontecer a qualquer momento. E com todo mundo.

E se você já se reconhece como militante, já busca entender esse conjunto de conceitos, termos que vão surgindo por aí, quero que tu saibas, eu sei: quando falamos de nossas lutas, falamos necessariamente de direitos negados, não conquistados. Falamos também de violências às quais somos submetidas. Então, perceba, é legítimo não termos paciência e até mesmo tolerância com quem não compreende que estamos com pressa para transformar uma realidade que inviabiliza nossa existência. Afinal, se fere nossa existência, somos resistência, né? Mas a gente vai resistir como, sem construir espaços de ampliação da consciência das outras pessoas?

É por isso que me esforço para fazer valer aquilo que acredito: se o machismo é cultural, a pessoa não pode ser responsabilizada **apenas individualmente** (eu disse apenas, eu disse apenas, eu não disse para não responsabilizar, tudo bem?). Nosso papel de militante é disputar a consciência social e não meramente hostilizar e ridicularizar quem não está conosco. Pois assim como é preciso se colocar no lugar da outra pessoa pra entender que fome não é aquela sensação de vazio antes da hora do almoço, é urgente ter empatia e acolher pessoas em suas ignorâncias, no literal sentido de ignorar. Tu ouvirias quem te acha ridícula, quem ri da tua cara? Terias coragem de mudar uma opinião ou irias pra mais perto da turma que pensa como, em tese, parece que tu pensas?

Vou te dar um exemplo dos mais valiosos para mim. Brinquedos de meninos e meninas. Talvez essa seja para mim uma das maiores expressões do machismo estrutural da sociedade. Tudo, tudo, tudo passa por ali. Tu não sabes como me incomoda ver a ideia de que menino não pode sequer segurar uma boneca, sendo a boneca nada mais do que a criança que esse menino teria que saber segurar depois. Ao mesmo tempo, não posso olhar pro meu avô, de 94 anos, e chamar ele de idiota pelo simples fato de ele achar que boneca é brinquedo de menina. São pelo menos noventa anos ouvindo isso. Agora, eu posso explicar direitinho, né?

"Dar block" não pode se transformar em nosso padrão comportamental na vida real. Isso só serve para quem não quer mudar a sociedade. Se não mudarmos a cabeça de mais nenhuma pessoa o mundo seguirá como é hoje. E eu quero viver num mundo que não mata mulheres pelo simples fato de serem mulheres. Você também.

Então, se você, assim como eu, não sabia que era feminista, se você, assim como eu, acreditava que tinha coisas mais importantes para discutir do que o feminismo, se você nem sempre soube aquilo que sabe hoje: estamos juntas nesse barco. Sim, agora vamos falar sobre o conceito de privilégio.

Privilégio é uma condição de vantagem atribuída a uma pessoa ou grupo em comparação aos demais. O privilégio garante ressalvas e imunidades que destacam o indivíduo perante outros, dando-lhe direitos especiais além dos comuns a todos.

Toda vez que falo ou uso a palavra privilégio percebo que alguém se incomoda. A gente vincula privilégio a aqueles luxos desnecessários que algumas pessoas têm, sobretudo aqueles que ocupam os espaços de poder: lagostas em jantares pagos com dinheiro público em tempos de crise econômica, *staff* com 50 funcionários pra viajar e outros abusos. Não uso, não usamos a expressão "privilégios" nesse sentido. Usamos no sentido de deixar claro que num país desigual como o Brasil situações que deveriam ser elementares são tão especiais como lagosta no jantar. Você pode ver que eu me refiro a mim mesma como privilegiada. E eu tive casa, escola (não tive carro durante minha vida em família), comida e acesso à saúde. Isso no Brasil é ser muito privilegiado.

Quero propor um exercício simples para que você se perceba como privilegiada ou não, pode ser? Vamos lá.

Vá respondendo mentalmente sim ou não. A cada sim, reconheça que esse seu direito elementar ainda é, no Brasil, um privilégio.

- Você estudou ou estuda sem necessidade de trabalhar?
- Você não precisava ou precisa se preocupar com o que ia comer antes, durante ou depois da escola?
- Você tem ou tinha acesso a atividades culturais como teatro ou cinema?
- Você tinha acesso ao transporte público ou privado para sua escola?
- Você tinha material escolar e uniforme ou roupas para ir à aula?

Esse exercício pode ser feito a partir de outras questões relacionadas diretamente à questão racial, por exemplo.

As pessoas atravessam a rua quando você está vindo por medo que você seja um bandido?

Quando você era criança sua mãe tinha medo de lhe perder no supermercado porque você ia ser colocado pra rua ou apenas porque ia ficar distante de você?

As mulheres da sua família lutaram para trabalhar na rua ou sempre trabalharam, seja como escravas, seja como empregadas domésticas nas casas de outras mulheres?

Então, quando falamos que alguém – como eu – tem privilégios não se trata de uma ofensa. Mas do reconhecimento de um conjunto de situações que são vividas por essa pessoa que não são vividas pela maioria das pessoas de nosso país. É importante que você faça esse exercício cotidianamente para que não tome seus privilégios como ponto de partida da maioria das mulheres. Ou, como está na moda, para que você "pense fora da bolha".

Outro exemplo, amamentei a Laura de maneira exclusiva por seis meses. Quantas mulheres têm estabilidade profissional como eu tinha para viabilizar isso? Quantas têm um companheiro que levam a criança para ser amamentada? Quase nenhuma.

Sei que não parece muito legal ouvir que você é uma privilegiada. Primeiro, porque parece que você é trilhardária, dona de rede social. Depois, porque parece que você não tem mérito. Nada a ver. A questão central é bem simples: se a gente só fala no seu mérito, parece que todas as outras mulheres que não chegam aonde você chegou são umas derrotadas. Elas não são. Ao menos na minha visão de mundo elas não são. Porque não saíram do mesmo ponto de partida.

Como diria o bom e velho Marx: "Os homens fazem a sua própria história, mas não a fazem segundo a sua livre vontade; não a fazem sob circunstâncias de sua escolha e sim sob aquelas com que se defrontam diretamente, legadas e transmitidas pelo passado". Tudo bem, Marx, os homens e as mulheres. As condições objetivas são os chamados privilégios. A construção da sua história é a tua caminhada.

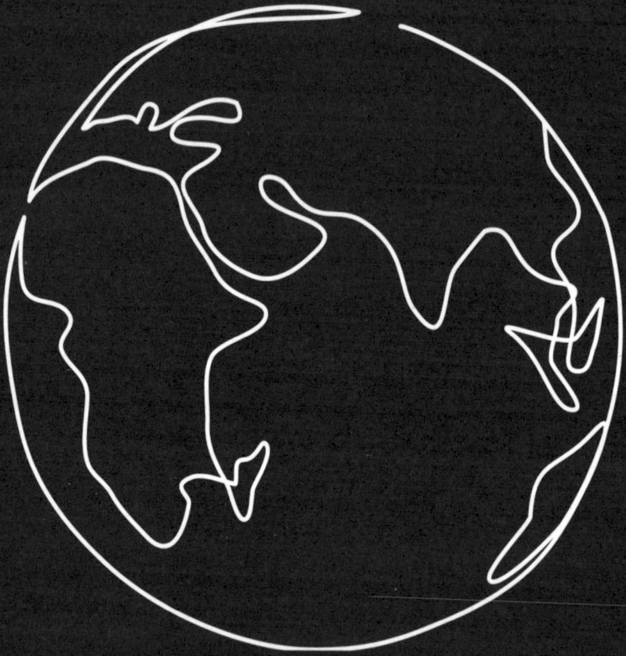

Se não mudarmos a cabeça de mais nenhuma pessoa o mundo seguirá como é hoje.

Ninguém aqui se odeia.

A ideia de que mulheres odeiam mulheres é construída cultural e socialmente de maneira muito intensa, durante todos os dias de nossas vidas. O conceito de sororidade é na verdade a maior e mais verdadeira resposta que podemos dar a isso. Quando, há algum tempo, li a frase "O feminismo é o contrário da solidão", de minha amiga Marcia Tiburi (Marcia, será que as frases desgastam quando nós as usamos muitas vezes? Acho que não, né? Ninguém mandou você escrever aquela que é, para mim, a melhor definição de feminismo da história da humanidade, moça! ☺), entendi de vez esse conceito. Vai muito além da ideia de empatia, de nos colocarmos no lugar da outra, tem mais relação na verdade com o conceito de dororidade de Vilma Piedade. A ideia de que somos irmãs e temos sororidade, umas com as outras, porque já sentimos na pele as dores umas das outras. E por isso não é solitário. Sabe, faço política há mais de duas décadas. De mandatos foram quatorze anos. Eleições? Sete! Nunca vi mulheres tão atentas, vigilantes e cuidadosas umas com as outras como vejo agora.

Posso compartilhar com vocês a experiência de participar do programa *Roda Viva*, em 25 de junho de 2018. Durante treze anos de mandatos e sete disputas eleitorais, participei de quase todos os programas televisivos do país. A imensa maioria (salvo honrosas exceções) sempre me tratou de maneira absolutamente machista. Interrompendo (*manterrupting*), me explicando posições de meu próprio partido (*mansplaining*), exigindo de mim muito mais do que exigiria de qualquer deputado de 20 e poucos anos (*double standard*). Sempre me senti e fui muito solitária na denúncia disso.

Quando saí do *Roda viva*, naquela noite, vi que do lado de cá continuava tudo igual: eu havia sido interrompida mais de 60 vezes, o entrevistado homem mais interrompido não chegou a 10. Do lado daí tudo estava absolutamente diferente. Incrivelmente diferente.

Saí de lá me sentindo exausta. Isso é relativamente comum: programas como esses perdem a oportunidade de ser um encontro para a discussão de ideias e viram uma espécie de luta livre em que o único objetivo de quem entrevista passa a ser descredenciar quem é entrevistado. A minha sensação era similar a de outros tantos programas que participei: "Vieram para me liquidar, como sou alguém com formação política e ideológica bastante positiva, como tenho quatorze anos de mandato e um razoável conhecimento político do Brasil, ficamos empatados". Sabia que a mim só cabiam dois personagens: a mulher calma e serena diante das agressões ou aquela que reagia às dezenas de interrupções. Por conta de minha idade – ainda pouca para a disputa presidencial – essa segunda sempre seria vista como a mal-educada, a histérica. Reuni muita força para não cair nas provocações e deixar que eles se desmascarassem sozinhos: o coordenador da campanha adversária, o apresentador que havia sido militante de um partido adversário. Consegui. Mas saí de lá sabendo que eu jamais seria comparada com os outros adversários que sempre são geniais, brilhantes, jovens, articulados.

Fui jantar num restaurante em São Paulo e encontrar alguns amigos e amigas. Liguei o telefone, entrei na internet. Uma amiga me ligou chorando. Percebi que a violência política à qual eu era submetida há tantos anos havia se tornado visível. Finalmente!

Vocês haviam percebido, denunciado. Vocês sentiram por mim, foram solidárias a mim. Aquele dia, um dos piores, foi incrivelmente um dos melhores. Vi a força que vocês têm. Vi que muita coisa havia mudado.

Como diria Neruda, nós dois, os dois de então, já não éramos mais os mesmos. O que havia de novo, de estupendo, não era o machismo daqueles homens e mulheres sentados na bancada. Era a sororidade das mulheres. A empatia, o colocar-se no lugar, o não reproduzir, majoritariamente, comentários machistas. Eles existiram. No entanto, pela primeira vez, foram minoritários. Óbvio que teve aquela feminista muito menos experiente em debates do que eu que disse: "Basta erguer a voz", ignorando que o debate não é sobre o tom da minha voz, é sobre o tratamento diferenciado com que eles entrevistam homens e mulheres. Vocês, vocês transformaram a minha dor, até então solitária, na dor do silenciamento de vocês e fizeram disso ação e luta política. Foi a minha aula prática de dororidade e sororidade. Acho até que tô escrevendo um livro pra agradecer. Obrigada, viu?

E você? Notou mudanças em comportamentos seus ou de suas amigas nos últimos anos?

Você deixou de achar graça de alguma piada que antes achava porque se colocou no lugar daquela mulher?

Você se colocou no lugar de sua mãe ou avó e compreendeu mais generosamente suas relações amorosas ou profissionais?

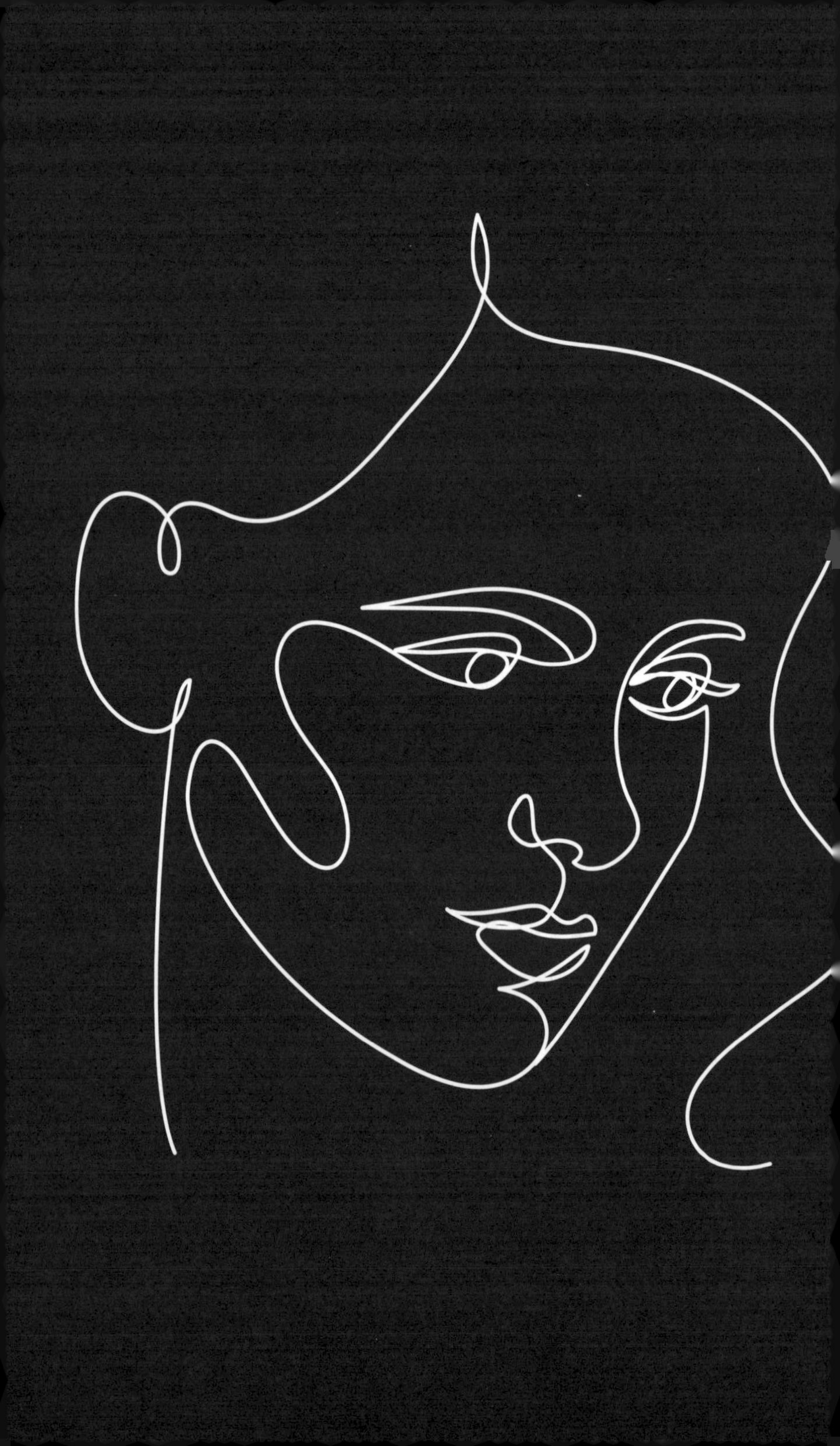

"O feminismo é o contrário da solidão."

Marcia Tiburi

Você já desconstruiu a si mesma hoje?

....
....
....
....
....
....
....
....
....
....

Não é banal não se amar.

Em 19 de junho de 2017 escrevi, de forma absolutamente despretensiosa, esse texto sobre meu problema com minha aparência, em um pequeno perfil pessoal que mantenho em uma rede social (Facebook). Mesmo eu tendo quase 36 anos, achava que aquele problema era uma bobagem que apenas eu sentia.

"Eu tenho transtorno de imagem (ou distorção de imagem corporal). Esses dias minha sobrinha de 7 anos respondeu a uma brincadeira minha com a seguinte frase: 'cada vez mais tenho certeza que tu tens aquela doença que a pessoa se acha gorda', fazendo menção à anorexia.

Não, não tenho. Nunca tive.

Depois que Isadora me disse isso, decidi voltar pra terapia para enfrentar um problema escondido de mim mesma e visível para muitos. Decidi tratar dessa doença contagiosa antes que ela contamine minha filha.

Algumas pessoas sabem que eu fui obesa até os 17 anos. A obesidade fez de mim essa pessoa que 'debocha de si mesma', para que os outros não precisem debochar. A obesidade fez de mim a divertida, a líder de turma, a corajosa. Eu precisava mostrar que meu corpo não importava. E ele, de fato, importava pouco. Eu era tão segura de mim que as pessoas não ligavam muito para o fato de eu pesar 100 quilos.

Mas eu sabia o que era não ter onde comprar roupas tamanho 48 ou 50. Claro, existem as lojas pra gordo, mas eu queria as mesmas roupas de minhas colegas.

Eu sabia o que era ouvir que eu não era feminina, pois afinal, mulheres femininas andam de minissaia e miniblusa (chamava assim em minha adolescência). Mulheres femininas não usam camiseta larga e calça preta.

Eu sabia e um dia decidi emagrecer. E emagreci, afinal sou uma das pessoas mais determinadas que eu conheço. Emagreci 40 quilos. Entrei no terceiro ano do ensino médio gorda e formei magérrima. Não fiz nada de errado, apenas reeducação alimentar. Passei a comer bem, regrada e com horários.

Passaram muitos anos e eu engordei – um pouco – apenas duas vezes: quando parei de fumar (12 quilos) e na gestação de Laura (18).

Ao contrário do que as pessoas imaginam nunca fiz loucuras muito loucas para perder peso. Apenas todas as dietas – razoavelmente – saudáveis. O meu problema não reside aí. Até porque eu perco peso com razoável facilidade.

O meu problema é que eu sempre me acho gorda. Mesmo quando estou um palito eu me vejo mais gorda do que estou.

Tenho um peso magro magro, um peso magro ideal e um peso magro limite (quase o que me considero gorda). Agora estou no magro limite. Racionalmente eu decidi comer o que sinto vontade. Eu amamento Laura, não durmo à noite, faço mestrado, sou deputada, faço roteiros pelo estado inteiro. Acho razoável que eu não faça grandes sacrifícios alimentares. Mas eu disse 'racionalmente'.

Fora da razão eu odeio meu corpo 24 horas por dia. Basta minha cabeça não estar trabalhando que eu fico pensando em tudo o que eu poderia fazer se estivesse mais magra.

Ontem eu vi aquele filme Embrace[5] *– pelo amor de suas filhas, vejam! Chorei do início ao fim. É difícil para um homem entender ao que somos submetidas. E ainda mais difícil para uma mulher feminista como eu* *reconhecer o quão envolvidas podemos ser nessa trama de horror aos nossos corpos promovida pela indústria da moda, do entretenimento, da 'saúde'.*

Eu, que nunca quis agradar ninguém, que sempre dei minhas opiniões e mesmo que mudei de opinião quando quis, eu não consigo agradar a mim mesma. E como uma versão moderna do Anjo do lar,[6] *de Virginia Woolf. É como se todas nós tivéssemos dentro de nós uma 'anja do corpo'. Alguém que nos lembra o que comeria, quantas horas de exercício, que número de calça usaria, uma verdadeira anja do corpo.*

Eu decidi enfrentar minha anja do corpo. Decidi 'embrace' (abraçar, aceitar) meu transtorno de imagem para que minha filha não sofra como eu sofro. Decidi falar sobre isso, pois conheço mulheres lindas que odeiam seus corpos. Conheço mulheres que trabalhavam com seus corpos e não podem ficar velhas, pois a anja do corpo não fica velha.

Eu não sei o caminho. Mas decidi caminhar. Por Laura. Por todas as meninas. Por mim."

Naomi Wolf, no livro O *mito da beleza*, escreve justamente sobre a "anja do lar" das mulheres do século XIX ter se transformado na "anja do corpo" das mulheres do século XX. Não, ela não usa esses termos (que lindo se usasse, seria um encontro literário e tanto entre Naomi e Virginia). Ela fala sobre o trabalho doméstico, a ida da mulher ao mundo do trabalho e uma espécie de complementação/substituição da opressão então gerada pela dependência econômica oriunda da exclusividade do trabalho doméstico não remunerado pela opressão exercida a partir do ódio ao próprio corpo.

É por isso também que questões estéticas são importantes para as feministas. Não é uma bobagem despolitizada somente vinculada ao amor-próprio. Se fosse isso já não seria uma bobagem, seria importantíssimo. Mas tem um sentido de estruturação de opressão na sociedade. E movimenta muito dinheiro.

O Brasil é o segundo país no ranking mundial de cirurgias plásticas. Em 2016, 839.288 pessoas realizaram algum tipo de cirurgia estética. Entre os procedimentos mais realizados, o aumento de mama aparece em primeiro, com mais de 288 mil cirurgias, segundo dados da Sociedade Brasileira de Cirurgia Plástica (SBCP). Em seguida, estão os procedimentos como a lipoaspiração e abdominoplastia (empatados com 230 mil), mastopexia (levantar os seios, 144 mil) e redução de mamas (141.435). A faixa etária que lidera o ranking é de 19 a 35 anos, ou seja, mulheres jovens.

A forma como nos oprimem a partir do corpo é também uma maneira – ou um mecanismo – de tirar nossa força no espaço público. Como ousar pegar um microfone e amplificar a própria voz se tudo o que queremos quando não "estamos de bem conosco" é sumir do mapa?

Faz comigo um exercício mental e, se estiver perto de uma praia ou piscina, o faça visualmente. Quantas mulheres você vê com corpos cobertos quando caminham pela praia? Quantas amigas suas nunca têm ou tiveram o chamado "corpo de verão"? Quantas se submetem a cirurgias plásticas (muito mais pela imposição social do que pela escolha consciente)? Agora imagine ou veja pessoalmente os homens jogando futebol na beira da praia. Sungas e barrigas à mostra. Eles correm felizes com tudo balançando. Ocupam o espaço público.

Um segundo exercício. O da velhice. Homens envelhecem. Mulheres também. Homens ficam carecas. Ficam grisalhos. Ficam com "pernas de tio", como diria um amigo meu. Mulheres ficam velhas, cremes, cirurgias, alimentos. É buscar desesperadamente a beleza da juventude. Precisam?

E os pelos? Eles ficam com ou sem barba. Como querem. A nós? Tudo é imposto.

Então saiamos dos superficiais "feministas não se depilam", "feministas são infelizes com seus corpos imperfeitos", "feministas são todas gordas", "feministas são umas velhas relaxadas que param de pintar os cabelos e ficam grisalhas, feministas"... e passemos a entender que queremos apenas liberdade para nos relacionarmos com nosso corpo como os homens relacionam-se com os seus, e queremos que a sociedade deixe nós nos relacionarmos em paz com nosso corpo como deixa os homens. Deve ser bem mais fácil.

Todos e todas e todex adoramos Eduardo Suplicy (daria um ótimo nome para filme, não?). Quer maior prova da diferença de tratamento dispensado a homens e a mulheres e da autoestima masculina e feminina do que a famosa foto viralizada dele de sunga vermelha, no auge dos seus 70 e poucos anos, participando de um protesto no Rio de Janeiro? Ninguém comentou sobre seu corpo. Ninguém cogitou a hipótese que somente um homem branco vai à praia sem um short para colocar sobre a sunga. Qual mulher não teria uma canga, um short ou uma saia? E, mesmo que tivesse um corpo escultural, que mulher não seria criticada se aparecesse de fio dental em uma manifestação? Aliás, resumindo, que mulher não se veria transformada em objeto de debate, sobre seu corpo e seu comportamento naquela situação? Ao mesmo tempo, que mulher seria tão extraordinariamente dona de si para viver aquela situação? Não desejo nada menos que a autoestima de um homem branco para todas nós. A de um homem legal como Suplicy, de preferência.

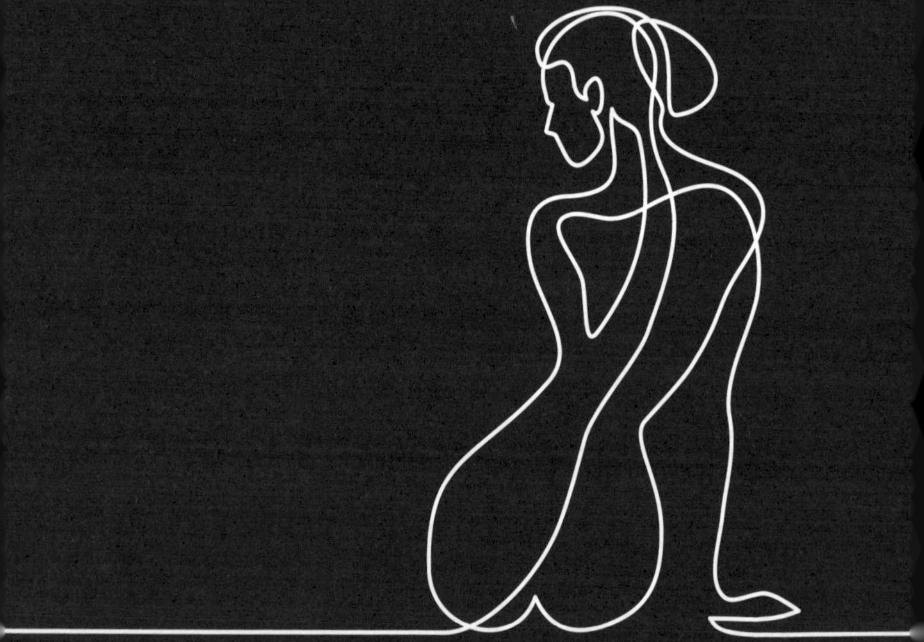

A forma como
nos oprimem a
partir do corpo
é também uma
maneira – ou um
mecanismo – de
tirar nossa força
no espaço público.

Rotas mentais e o medo cotidiano dentro e fora do transporte público.

Quando eu estava na faculdade, saía da aula por volta das 22h30. O motorista do ônibus – o último da linha com horário regular – sempre cometia uma pequena infração de trânsito para me ajudar: parava fora do corredor de ônibus, uma meia quadra pra frente para que eu caminhasse menos durante a noite. Lembro-me do orelhão (as mais jovens não têm ideia do que seja um orelhão, né? Orelhão era um telefone público que ficava no meio da rua). O orelhão era meu maior medo: quem será que vai sair de trás dele? Nunca contei pra ninguém que aprendi a andar no meio da rua, na contramão. Um dia, estudando sobre violência sexual, acredito que em um texto da ONU, li o termo "rota mental" e descobri que mulheres, a maior parte de nós, passam a vida estabelecendo, mentalmente, caminhos com menos obstáculos. Por quê? Porque de trás de cada orelhão poderia sair um estuprador.

No dia em que li aquele termo senti um alívio por duas décadas em que não dava nome para o meu medo, minha corrida, minha gratidão ao motorista de ônibus. Hoje sei. É preciso falar sobre o que vivemos para que não nos sintamos sozinhas. Rota mental era o que eu fazia todos os dias quando descia do ônibus. Cheguei a seguir no mesmo ônibus quando minha mãe mudou de casa, mesmo andando mais, pois achava o caminho, embora três vezes maior, porque me sentia mais segura naquele caminho antigo com menos portões de garagem.

Isso tudo acontecia quando eu descia do ônibus, porque dentro dele eu tinha que fugir de outros obstáculos. Ali, aproveitando que eu entrava quando a lotação ainda estava bem baixa, eu só sentava em dois lugares: atrás do motorista, naqueles bancos reservados a gestantes, até que alguma chegasse e eu cedesse o lugar, ou do lado do cobrador. Eu pegava muito no sono nos ônibus, morria de medo de acordar com uma mão no meio das minhas pernas, como uma amiga havia acordado. Então escolhia esses lugares por medo. Acreditava que ali ninguém teria coragem de fazer nada. Também porque ia conversando. Meu pavor nunca foi só meu. Uma pesquisa realizada em fevereiro de 2019 pelos Institutos Locomotiva e Patrícia Galvão com usuárias de transporte público e aplicativos das cinco regiões do país, das classes ABCD, 18 anos ou mais, concluiu que segurança é o assunto que mais preocupa as mulheres quando o assunto é locomoção. Quarenta e seis por cento não se sente segura para fazer uso dos meios de transporte sem sofrer assédio sexual porque 71% delas conhece alguma mulher que já foi vítima de assédio em algum espaço público. E pasmem: quase todas as mulheres, 97% delas, já foram vítimas de assédio em meios de transporte!

E você? Tem medo do que quando anda na rua? Traça rotas mentais? Conhece os obstáculos físicos de seu caminho? Combina carona com as amigas ou faz uso de aplicativos por receio? Já foi assediada em transporte público ou faz parte dos luxuosos 3% de mulheres brasileiras que escaparam à estatística?

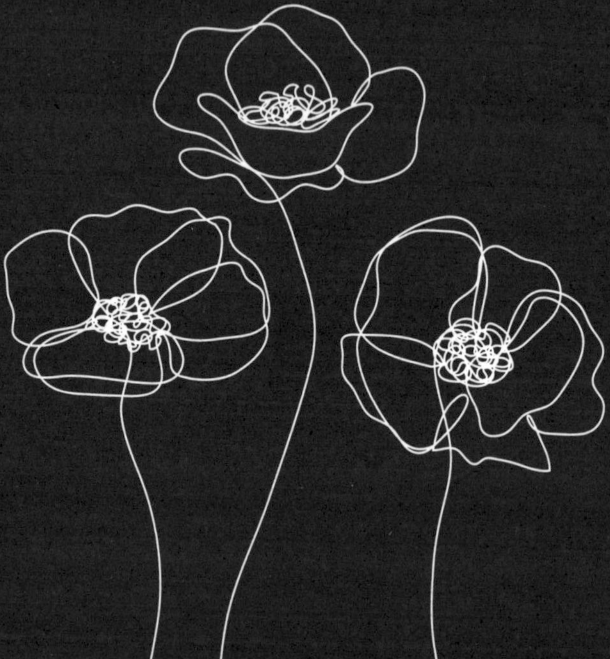

É preciso falar sobre o que vivemos para que não nos sintamos sozinhas.

Ideologia de gênero: a invenção da maior de todas as fake news.

Há alguns anos, quando Procuradora da Mulher da Assembleia Legislativa Gaúcha, organizei uma rodada de seminários chamados "Educação sem machismo" em dezenas de municípios do Rio Grande do Sul. Esses seminários abordavam o conceito de gênero e as maneiras como poderíamos ter uma escola parceira na construção de uma relação de equidade entre homens e mulheres e que respeitasse as diversas identidades e orientações sexuais. Na prática, eram abordados jogos infantis, e debatíamos as razões pelas quais perpetuamos determinados papéis e sociais para homens e mulheres. Em uma das edições, num município de colonização alemã, fui avisada de que uma determinada igreja evangélica (tradicional) havia mobilizado seus membros para enfrentarem a mim e a chamada "ideologia de gênero". Fiz toda a apresentação de meu PowerPoint e abri para as perguntas. Inscreveu-se o pastor: "Deputada, eu concordo com absolutamente tudo o que a senhora falou sobre brinquedos e brincadeiras de meninos e meninas, divisão de trabalho doméstico e tal. Só não concordo com a ideologia de gênero". Perguntei a ele o que da minha fala era ideologia de gênero. E ele disse: "Dizer que meninos não são meninos e meninas não são meninas". Perguntei se ele concordava com minha ideia que determinadas construções são feitas social e culturalmente. Ele disse que sim. Perguntei se ele entendia que o conceito de masculinidade atribuído aos homens desde a mais tenra idade era parte do que fazia a sociedade ter tanta violência. Ele me respondeu que sim. Tentei lhe fazer ver que ele estava acreditando em mentiras. Ele disse que não. Eu seguia sem entender como alguém concordava com absolutamente tudo o que me ouvia dizer, mas estava ali para gritar contra algo que não existe: a ideologia de gênero!

Vou repassar com vocês os conceitos básicos para que a gente não se perca nessa discussão, tudo bem?

A expressão gênero é equivocadamente usada em referência ao sexo biológico, ou seja, ao sexo de nascimento. Para nós, sexo biológico e gênero não é a mesma coisa.

Gênero está associado a construções sociais e **sexo biológico** a características naturais.

Gênero, então, é tudo aquilo que não é naturalmente "de menina ou menino", construído histórica e culturalmente e que a nossa sociedade cobra e entende como o comportamento adequado de alguém a partir de seu sexo biológico.

Vamos lá: menina nasce com vagina, menino nasce com pênis. Vagina não capacita ninguém para lavar louça. Pênis não torna ninguém jogador de futebol. Dá pra entender? Quando nós citamos Simone de Beauvoir com o "não se nasce mulher, torna-se mulher" [9] fazemos menção isso tudo. A ideia de que não há um destino biológico para nós por termos útero e nem aos homens por não o terem. O nosso papel no mundo é construído socialmente.

Aí entram outros dois conceitos: **identidade de gênero** e **orientação sexual**. Ao segundo, embora esteja sempre ganhando uma letrinha nova (LGBTQ+), já estamos mais acostumadas, diz respeito à orientação sexual da pessoa, por quem ela sente atração romântica ou sexual. Já a identidade de gênero, motivo maior de pânico de pessoas conservadoras em geral, é com que gênero a pessoa se identifica: com o masculino ou feminino. E existem as pessoas que não se identificam com nenhum dos dois gêneros: as não-binárias. Se a pessoa se identifica com o gênero que lhe foi conferido ao nascer, é cisgênero. Se não se identifica é transgênero. Eu sou uma mulher cisgênero, heterossexual.

Confesso que nada me espanta e choca tanto quanto a fragilidade da masculinidade. Quanto mais tóxica é a masculinidade, mais frágil ela se torna. Percebo que a liberdade com que os meninos e as meninas muito jovens vivem e experimentam suas sexualidades é base da invenção dessa falaciosa ideologia de gênero.

Pesquisando rapidamente na internet, assisto a um vídeo que diz que "ideologia de gênero é a ideia de que meninos e meninas **não são naturalmente diferentes**, que são os pais, a família e a sociedade que os fazem diferentes". Ainda fico impressionada com a capacidade de construir mentiras dessa turma da fake news. Ou seja, confundem, propositalmente, os conceitos de sexo e gênero, para dizer que, como defendemos que não há um papel definido para nós mulheres porque nascemos biologicamente com útero e vagina, ou seja, que não por isso estamos predestinadas a sermos felizes apenas sendo mães, por exemplo, dizem que queremos que (*sic*) homens engravidem e outras atrocidades.

Como nós defendemos a livre orientação sexual e a orientação/educação sexual nas escolas, confundem, propositalmente, e fundem isso em um único tópico, produzindo fake news. Misturam sexo com gênero, orientação sexual com livre orientação sexual. Inclusive, assim surgiram as mais potentes mentiras divulgadas no Brasil durante o processo eleitoral de 2018 (kit gay, mamadeira de "piroca" e suas variações). Surgiram porque as pessoas ouviam as palavras de um lado, a explicação deturpada do outro e faziam conexões. "Ah, olha ali, ela usa gênero, então pra ela menina não é menina. Ela defende orientação sexual nas escolas, ela quer orientar crianças a fazer sexo".

Queremos falar sobre educação sexual nas escolas porque em 70% dos casos de estupros no Brasil as vítimas têm até 17 anos, 50,9% tem até 13 anos. Por isso mesmo, defendemos que crianças devem ser orientadas, desde cedo, sobre como protegerem da violência sexual. Eles dizem que a família deve ser responsável por falar sobre sexo com as crianças. No mundo ideal, sim. Na realidade: quem são os estupradores? Conhecidos são responsáveis por 30% e pais e padrastos por outros 12%. Ou seja, a única possibilidade de salvar uma criança vítima da violência é ofertar-lhe conhecimento de que aquilo que ela sofre é violência.

Falar do corpo não é ensinar sexo. Com crianças, educação sexual é falar sobre o que é afeto, privacidade, abuso. Ensinar a respeitar e defender o corpo, exemplificando que não é aceitável, por exemplo, que ninguém tire a sua roupa ou toque em suas partes íntimas. Se isso ocorrer, a criança não pode ter vergonha de dizer imediatamente. Na adolescência, é falar sobre consentimento e prevenção de doenças sexualmente transmissíveis, gravidez não planejada. O problema é a falta de informação, não a conversa.

Em apenas dez anos, por exemplo, o aumento de contaminação pelo HIV foi de 700% entre o público de 15 a 24 anos, de acordo com dados do Boletim Epidemiológico HIV AIDS 2018, divulgado pelo Ministério da Saúde. Qual a responsabilidade do silêncio moralista nesse percentual?

Além disso, é inadmissível que 73% dos jovens LGBTQ+ tenham sido verbalmente agredidos na escola por conta de sua orientação sexual, segundo pesquisa realizada pela ABLGT (Associação Brasileira de Lésbicas, Gays, Travestis e Transexuais), 31,90% dos colegas não aceitam bem o fato de terem um colega LGBTQ+ e 24,6% dos alunos com essas orientações sexuais já sofreram agressão física dentro do ambiente escolar. Quando verificamos, isoladamente, a situação das crianças transgênero dentro das escolas, os números são ainda mais escandalizantes: 82% das mulheres trans e travestis abandonam o ensino médio entre os 14 e os 18 anos, de acordo com levantamento de

2017 feito pela RedeTrans (Rede Nacional de Pessoas Trans do Brasil).

Ou seja, ninguém precisa inventar uma ideologia de gênero. Precisamos é desinventar a ideologia que existe. Responsável pela sexualização de meninas, evasão escolar de estudantes LGBTQ+, violências verbais sustentadas em falso discurso da liberdade de expressão. Precisamos desinventar essa ideologia que diz que um menino que carrega uma boneca no colo é homossexual, como se:

1) Ser homossexual fosse alguma coisa pejorativa.
2) Bonecas não fossem a mera reprodução das crianças que talvez estejam por vir: um menino virar um homem e um homem virar pai.

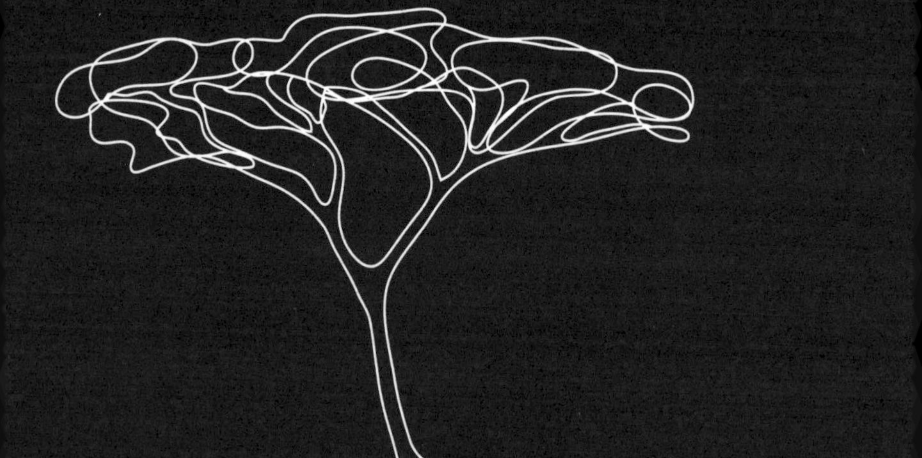

O silêncio só protege estupradores, LGBTfóbicos e assassinos. O falar nos permite ampliar a consciência.

Maternar, faxinar, cozinhar: são atividades humanas e podem ser feitas por meninos e meninas desde a primeira infância.

Os brinquedos infantis mostram exatamente o mundo que temos com todas as suas limitações e possibilidades. As lojas, as divisões entre gêneros nessas lojas, a ausência de bonecas negras, a presença de bonecas com padrões estéticos irreais, a absoluta maioria de bonecas branquíssimas, loirérrimas, os carros, motos, foguetes, a inexistência de bonecos meninos, as cozinhas rosas.

Quantas vezes ouvi, quando uma menina tornava-se mãe de forma precoce, aos 13, 14 anos, que "ela leva jeito para segurar o bebê"? Quantas vezes ouvi o inverso de homens que foram pais aos 30? Quanto disso se deve aos anos que treinamos carregando nossas bonecas de um lado para o outro? Quando tornamos consciente a diferença na rotina imposta pela construção da divisão do trabalho entre homens e mulheres, entendemos a luta pelo fim da divisão dos brinquedos e brincares entre meninas e meninos. Por que um menino não pode brincar de boneca (e por que não existem bonecos?) se eles terão filhos? Por que a cozinha é um brinquedo que só é presenteado às as meninas? Meninos não comem? Segundo dados da OCDE (Organização para a Cooperação e Desenvolvimento Econômico) mesmo em países desenvolvidos as mulheres gastam quase o dobro do tempo que os homens em serviços domésticos e trabalho não remunerado. A jornada diária de trabalho é similar: homens trabalham oito horas em média e mulheres sete horas e quarenta e cinco minutos. A diferença é que desse conjunto de horas, os primeiros trabalham duas horas e vinte um minutos sem remuneração e as mulheres quatro horas e trinta. Ainda que a diferença de acesso às profissões esteja sendo reduzida, o abismo existente com relação ao trabalho não remunerado não acompanha essa tendência. No Brasil, segundo dados do IPEA (Instituto de Pesquisa Econômica Aplicada) essa diferença é ainda maior: as mulheres brasileiras gastam, em média, 26,6 horas semanais com trabalho doméstico enquanto os homens dedicam apenas 10,5 horas.

Por que meninas nunca ganham enxovais com foguetes ou laboratórios de química e kits de construção civil? Laura ganhou um kit de "pequeno engenheiro". Gabi, minha amiga, teve a delicadeza de escrever "pequena engenheira" em cima. Meninas não podem ser cientistas? Qual impacto da ausência desse estímulo na participação das mulheres na Ciência? Segundo o Censo Escolar de 2001, 60% dos graduados são mulheres. Apenas 43% dos titulados na área de Ciências são mulheres, e a titulação feminina vem caindo: 39% em 2004 e 37% em 2008. Em cursos como Física, na maioria dos países, a participação das mulheres é de cerca de 10% a 12%. E este é um percentual que pouco se alterou nos últimos cem anos. Mulheres começam a ajudar em casa desde muito pequenas, tendo impacto em seu rendimento escolar. Pesquisa realizada pela Plan Brasil mostra que enquanto 76,8% das meninas lavam a louça, apenas 12,5% dos meninos o fazem, por exemplo. E isso, talvez também tenha influência na menor participação das mulheres na Ciência.

Escutei milhões de vezes que conseguia viajar com a Laura porque ela é menina, afinal "meninos têm mais energia". Os hormônios masculinos e femininos são inibidos durante a infância, começando a atuar na adolescência. Mesmo assim, meninas são muito menos estimuladas fisicamente do que meninos. Devem ficar limpas, brincar menos na rua, afinal: "quem tem um filho menino é que sabe o que é energia". Aí você tem dois filhos e vai me dizer que realmente é diferente. Claro, amiga. Você não é o Capitão Fantástico e não está criando as crianças numa bolha imune a tudo o que a sociedade tem de valores. Você os reproduz. Ou seja, gênero é essa construção social que faz com que meninos tenham mais energia do que meninas e que faz com que você veja essa energia e não entenda muito bem de onde ela sai.

As crianças gostam de brincar com aquilo que se repete na rotina de suas vidas e aprendem a sonhar aquilo que lhes é mostrado. É por isso que é urgente reinventar o brincar. Pra que as crianças sejam quem são. E sonhem alto.

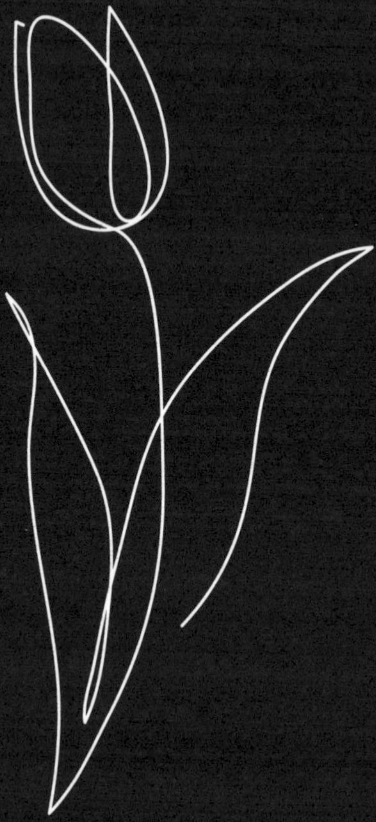

Por que um menino não pode brincar de boneca (e por que não existem bonecos?) se eles terão filhos?

Você já deu um presente que estimule o pensamento e a capacidade criativa para uma menina?

....
....
....
....
....
....
....

As coisas não deixam de existir porque não têm nome em português.

Certamente você já ouviu expressões em inglês em rodas de mulheres e ficou com vergonha de não saber o que elas significam. Pior ainda: ficou com vergonha de não saber sequer pronunciar aquelas palavras. Quase sempre em inglês e difíceis de serem pronunciadas. *Manterrupting, mansplaining, gaslighting, manspreading, double standard.*

Acredito que uma das coisas que precisamos urgentemente pensar é em como construir um feminismo popular. O tal dos 99%. Isso significa não acharmos que o conhecimento, a consciência , são obrigatórios e inatos, mas construídos pelos privilégios que temos. Se os temos e queremos acabar com eles, a melhor maneira é nos esforçarmos para sermos compreendidas. Vamos juntas fazer um exercício com esses cinco termos?

Manterrupting
man (homem) *interrupting* (interrupção)

Você pode até não ter a menor ideia do que significa essa palavra chata de falar em inglês. Com toda certeza, sabe o que é tentar falar no ambiente de trabalho com vários homens e ser interrompida o tempo todo. Então essa palavra nada mais é que a interrupção de nossa fala por um ou vários homens, com eles não nos deixando sequer terminar o raciocínio. Procure alguma entrevista em vídeo com qualquer mulher de qualquer área e veja se foi possível ela terminar sem usar a frase "deixe eu terminar o raciocínio".

Mansplaining
man (homem) *explaing* (explicação)

Aquilo que você sabe mais do que todo mundo, seja o trabalho de faculdade, a série preferida, o jogo de futebol, o coletor menstrual, e... Surpresa! Tem um homem pronto para explicar para você. Eu, por exemplo, adoro homens que me explicam sobre como concorrer a um cargo político, afinal, todos eles já passaram por minha vida. Reveja situações de sua vida ou puxe papo sobre sutiã numa roda com amigos homens. Você vai se surpreender. Tem algum que entende mais do que você. Mesmo sem nunca ter usado um.

Gaslighting

Termo com origem na peça teatral *Gas Light*, de 1938, sobre abuso psicológico. "Você está louca!", "Ela está de TPM", "Ela só pode ser histérica". Essa é aquela forma de abuso psicológico na qual o manipulador faz com que a vítima duvide de sua própria conduta, questionando até sua lucidez.

Manspreading
(homem se espalhando)

Todo santo cara que senta do teu lado no ônibus, metrô, avião. Aquelas pernas grandes ou minúsculas abertas como se não houvesse amanhã ou passageira sentada ao lado, porque, claro, quando é passageiro as pernas fecham rapidinho. Observem com atenção e vejam se há algum exagero.

Double standard
(padrão duplo)

Padrão duplo para avaliar ou opinar sobre um mesmo comportamento ou ação. Pensa se faz sentido: uma mulher cozinha, lava, passa, leva e pega as crianças na escola, trabalha. Ainda faz artesanato, doces para a festa de aniversário e organiza os encontros da família. Tudo normal. Aliás, quase todas fazem tudo isso. Um homem faz isso tudo? Rodrigo Hilbert. Uma mulher cria os filhos sozinha? Normal. Alguma coisa de errado fez para "não segurar homem em casa". Um homem cria um filho sozinho? Uau! Que herói! Fez algum sentido para vocês ou parece exagero?

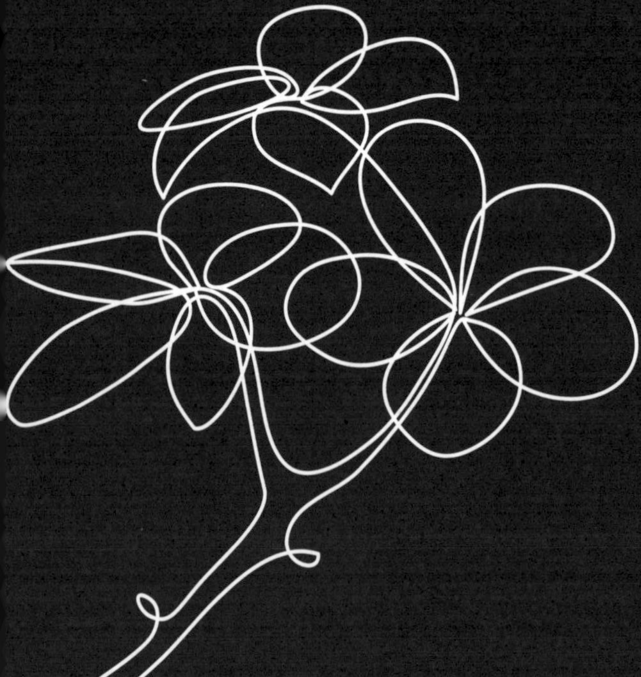

Precisamos urgentemente pensar em como construir um feminismo popular.

E se a gente inventasse nomes mais criativos e em "português brasileiro" pra cada item da lista?

....
....
....
....
....
....
....

Viva o feminismo negro!

Como eu sou uma mulher branca, estas páginas são apenas para sugerir que vocês leiam as feministas negras, que rompam seus próprios preconceitos e reconheçam nelas as vozes donas de suas lutas, de nossas lutas. Percebam a dimensão estrutural do racismo na sociedade brasileira e a necessidade de não naturalizarmos a falsa ideia de que "mulheres" fala igualmente sobre todas nós. Por exemplo, mulheres lutaram para que você, mulher branca, trabalhasse, certo? As negras sempre trabalharam, foram escravizadas e construíram esse país. Leia Angela Davis, Sueli Carneiro, Djamila Ribeiro, Olívia Santana, Joice Berth, Elisa Lucinda, Carolina de Jesus, Conceição

Evaristo. Leia e veja e reconheça a importância do feminismo negro.

Se queremos o feminismo para 99%, o feminismo popular, no Brasil, precisamos do feminismo negro. Afinal, entre pretos e pardos está a maior parte da população do Brasil (54,9%, IBGE 2016) e as estatísticas servem para comprovar que a desigualdade brasileira tem classe, raça e gênero. Nos últimos dez anos, por exemplo, segundo o Atlas da Violência, a violência contra as mulheres não negras cresceu 1,6%, enquanto contra mulheres negras cresceu 29,9%.

Lembrem-se: não basta não sermos racistas. É preciso que sejamos antirracistas[7] e ouçamos as vozes fortes das mulheres negras brasileiras.

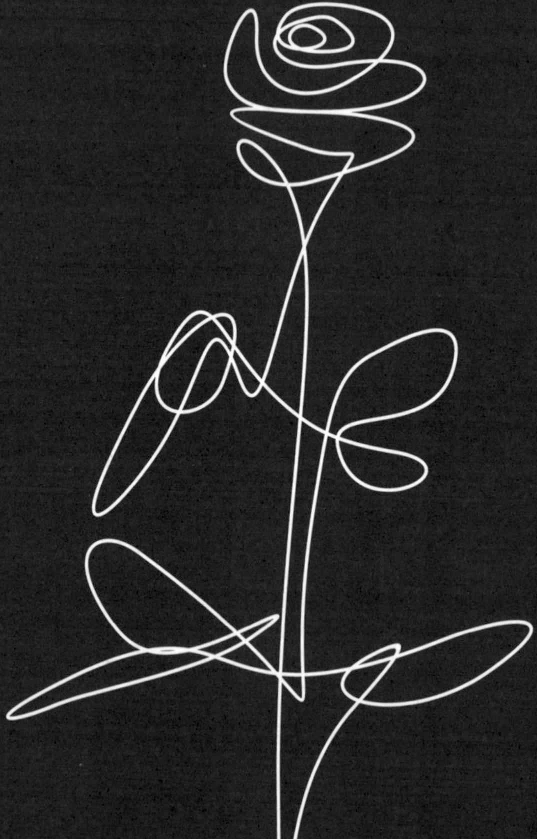

Lembrem-se: não basta não sermos racistas. É preciso que sejamos antirracistas e ouçamos as vozes fortes das mulheres negras brasileiras.

Quantas mulheres negras você já leu?

Quantas mulheres negras fazem parte de sua convivência pessoal?

O que você tem aprendido com elas?

....

....

....

....

....

....

....

....

Violência contra a mulher.

"Vivemos em um país violento, homens morrem aos montes". Não há uma só vez que a gente converse sobre violência contra a mulher que alguém não diga isso. É verdade. Vivemos em um país com uma grave crise de segurança pública e precisamos enfrentar de múltiplas formas as altas taxas de homicídios do Brasil (62.517 segundo o Atlas da Violência de 2018). Particularmente, não tenho a menor dúvida que uma nova política nacional de álcool e drogas é necessária para que a gente acabe com essa guerra que só mata e encarcera. Lembremos que a violência só cresce e a população carcerária também (já passam de 700 mil, segundo o Infopen, Levantamento Nacional de Informações Penitenciárias), isto é, prender mais não resolveu nada.

Porém, quando analisamos os dados relativos a tais homicídios e à violência do ponto de vista geral, vemos que não basta encontrarmos saídas para a questão das drogas para enfrentarmos a violência que acomete as mulheres. É preciso falar de violência doméstica, de crimes motivados pelo fato de a vítima ser quem é. Sim, o Brasil é muito violento, mas não é violento da mesma maneira com suas mulheres.

Em 2017, por exemplo, foram 164 estupros por dia, como esses dados são subnotificados, estima-se que podem passar de 500 mil por ano. Mesmo que as mulheres representem a menor parte do total de homicídios do país (4.936 assassinatos de mulheres em 2017, uma média de 13 homicídios por dia, o maior número em uma década), elas são vítimas permanentes de uma violência entre as paredes que deveriam significar segurança: as de suas próprias casas. A cada hora, 22 mulheres acionam a Lei Maria da Penha, 193 mil mulheres em 2017. [8]

Estamos falando de crimes que até pouco tempo eram chamados de "crimes passionais", cometidos por homens formados num mundo em que a masculinidade é exercida a partir da ideia de posse da mulher. "Como pode essa pessoa não querer ficar mais comigo? Como pode esse 'objeto' acreditar em sua vida própria e tomar decisões por si que passem por construir uma vida longe de mim?" O Brasil é um dos países mais perigosos do mundo para uma mulher se envolver emocionalmente com um homem. O Brasil é o país em que ainda se diz que em "briga de marido e mulher não se mete a colher" porque "o homem pode não saber por que está batendo, mas a mulher sabe por que está apanhando", como se o crime por omissão de socorro não valesse se esse socorro for omitido a uma mulher pedindo ajuda quando ela conhece o agressor.

Para isso, nós contamos com duas recentes e importantes conquistas: a Lei Maria da Penha e a Lei do Feminícidio. Você sabe por que elas são tão importantes e por que é tão importante que a gente as defenda?

Primeiro, você precisa imaginar, se felizmente você nunca tiver sido vítima ou convivido com uma – que é a vítima da violência doméstica. A vítima da violência doméstica é ou foi uma mulher envolvida emocionalmente com seu agressor. Imagina aquele cara que assaltou você na rua ou que roubou o carro de seu pai, junto ao homem com quem você perdeu sua virgindade e junto com o pai de seus filhos. Esse é um bom perfil para entender por que é tão complexo para muitas mulheres denunciar e enfrentar e por que é tão importante que conscientizemos, falemos sobre violência, tenhamos espaços adequados para acolher vítimas com suas crianças e estrutura para garantir medidas protetivas.

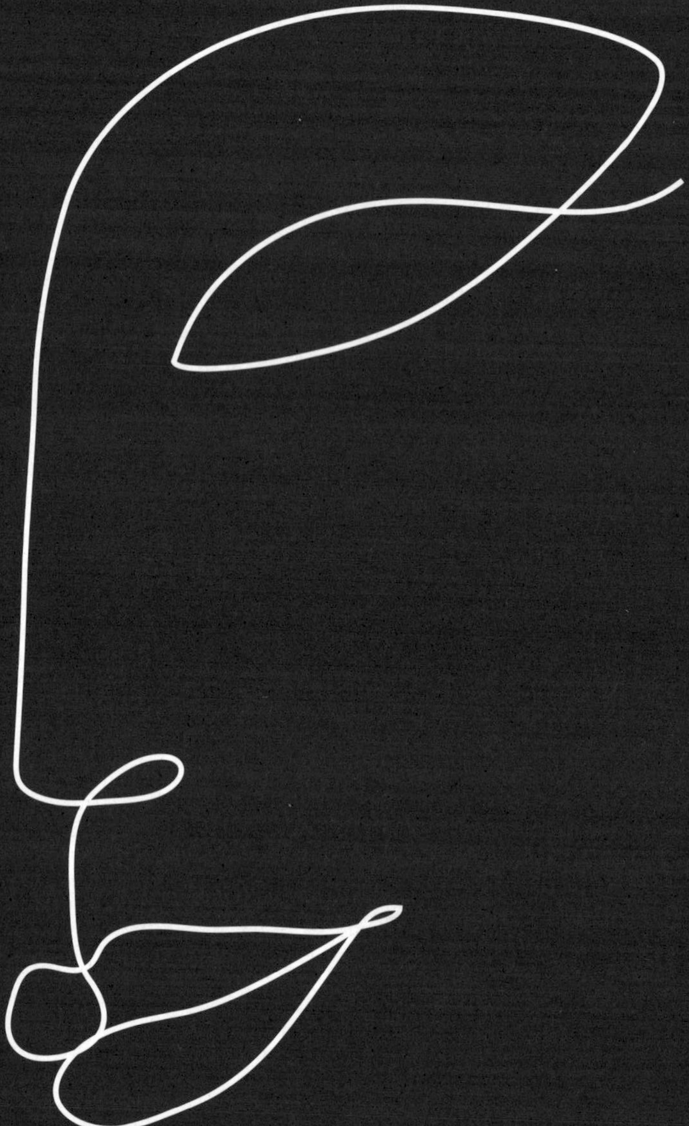

É preciso falar de violência doméstica, de crimes motivados pelo fato de a vítima ser quem é.

Quem é Maria da Penha?

Maria da Penha é uma farmacêutica brasileira que dá nome à lei sobre violência doméstica. Por quê? Porque após sofrer vinte e três anos de violência doméstica, em 1983, seu marido, o professor colombiano Marco Antonio Heredia Viveros, tentou matá-la duas vezes. Na primeira vez atirou simulando um assalto, na segunda, tentou eletrocutá-la enquanto ela tomava banho. Por conta das agressões sofridas, ela ficou paraplégica. Ele foi condenado quando faltavam apenas seis meses para a prescrição do crime, dezenove anos depois. O episódio chegou à Organização dos Estados Americanos (OEA) e foi considerado, pela primeira vez na história, um crime de violência doméstica. A lei é considerada pela Organização das Nações Unidas, ONU, uma das três melhores do mundo. Em resumo, a lei passou a reconhecer a gravidade dos crimes de violência doméstica e criou com conjunto de garantias para as mulheres vítimas desse tipo de violência.

Feminicídio

Se existe homicídio no Brasil, por que criar um nome para as mortes das mulheres? Porque esse é o nome dado à morte intencional de mulheres pelo fato serem mulheres. Aliás, talvez seja um bom momento para eu falar de **misoginia** porque o feminicídio está diretamente ligado aos comportamentos misóginos.

   A misoginia é o ódio, a aversão, a repulsa, o desprezo patológico contra as mulheres. Proponho um triste exercício a vocês. Abram as matérias de jornal agora mesmo na internet e vejam como são executadas as mulheres vítimas de violência doméstica. Dezenas de tiros, facadas, tesouradas. Membros amputados. Assim morrem as vítimas de feminicídio. Nunca é "apenas" a morte, não que a morte possa ser alguma vez apenas. No entanto, a morte marcada pelo ódio é sempre ainda mais cruel. E chega através das mãos de homens que odeiam as mulheres, homens que foram ensinados por essa cultura machista a objetificar mulheres. Eles não aprenderam sozinhos. Vamos criar juntas e juntos homens diferentes. Por nossas mulheres que já morreram. Por nossas meninas que estão crescendo. Por todas nós.

Final feliz. Ou não.

Ela dorme para sempre até o desconhecido perfeito a beijar, vai ao baile para ser "escolhida pelo príncipe" ou é feita prisioneira por um homem feroz e apaixona-se por ele. Os contos de fada ensinam muito mais do que "ser princesa". Obviamente minha filha não é criada em uma ilha e conhece todas as princesas. Eu apenas tento mostrar pra ela que gosto mais da Moana e da Elsa do que da Bela Adormecida. Porque a cultura do estupro está presente em alguns contos de fada, principalmente nos mais tradicionais. Inclusive os próprios irmãos Grimm suavizaram algumas histórias, adaptando-as. Por exemplo, na história original de Chapeuzinho Vermelho não existia o caçador, ela ficava nua e morria devorada pelo lobo.

Se você acha um exagero, saiba que é bastante comum, por exemplo, a menina beber em uma festa, ser estuprada e ter vergonha de denunciar. Afinal de contas "ela bebeu". Essa história não é parecida com a da Branca de Neve que comeu a maçã ou com a Bela Adormecida que colocou o dedo na agulha? Ambas não fizeram aquilo por conta e risco? Logo depois elas não são beijadas sem manifestar o desejo e devem ser eternamente gratas por aquela oportunidade? A Bela e a Fera (minha história preferida na infância, não é nenhum crime gostar de uma princesa e daquela estética linda e trilha extraordinária dos filmes) trata justamente de uma mulher feita prisioneira por uma fera e que mesmo em cárcere privado se apaixona, descobre um "eu interior" belo naquele monstro agressivo e violento. Nesse momento milhares de mulheres no mundo inteiro podem acreditar que devem salvar feras e manter-se em relações abusivas e violentas.

É preciso compreender como reforçamos a partir desses contos de fada determinados padrões de comportamento nocivos que buscamos romper em mulheres e para homens. Para cada Bela, há uma Fera que sabe que existirá uma mulher capaz de aguentar aquela violência, para cada menina deitada, há um candidato a "príncipe" resignado a seu lugar de homem irresistível.

E aquilo que chamamos de cultura do estupro é justamente esse ambiente de normalização de relações sexuais não consentidas. Acreditar que a vítima pode ser culpada pela roupa que usava, quantidade de bebidas que ingeriu, caminho que fazia, local que frequentava, vida sexual pregressa, ter dado alguns beijos antes, local em que estava com o estuprador, ter mordido a maçã, ter colocado o dedo na agulha.

Pode parecer exagero, mas essa cultura começa quando estamos grávidas e descobrimos o sexo biológico do bebê. Quando eu soube que estava grávida de uma menina quase todos os meus colegas e homens com que eu convivo e têm filhos homens diziam que o filho ia "pegar" Laura. Como eu adoro me divertir testando reações, sempre dizia que sim, defendo que ela se divirta muito, que ela ia mesmo pegar os filhos deles, se desejasse. Todos ficavam perplexos. Nesse mundo em que mulheres precisam ser castas e homens "comedores" haverá, necessariamente, um choque. Esse choque muitas vezes é o ato sexual não consentido, um estupro.

A imagem dos estupradores vendida no cinema, infelizmente, não contribui em nada para o enfrentamento da cultura do estupro. A ideia de que a mulher sensual será atacada na rua, por um desconhecido, não corresponde à imensa maioria dos casos. Para que tenham ideia, de um total de 22.918 casos de estupro registrados em 2016 no Brasil, 50,9% dos casos foram cometidos contra crianças de até 13 anos! Nesses casos, 30% dos agressores eram pessoas conhecidas da vítima e outros 30% familiares próximos. As adolescentes entre 14 e 17 anos somam outros 17%. Ou seja, quase 58% das vítimas eram menores de idade![10] Nos casos das vítimas maiores de idade, 46,1% conheciam seus agressores. Ou seja, não estavam na rua sensualizando e não eram desconhecidos. Bem diferente do que os filmes nos mostram. E não existe um só conto de fadas que fale de **consentimento**.

Consentimento: a pessoa não quer transar. Não interessa nem a relação, nem a circunstância. Se a pessoa não quer, é estupro. Pode estar dentro do motel, pode ser casada, pode estar sem roupa. Sexo sem consentimento é estupro.

Assédio sexual: um dia meu marido me perguntou: "E aí, se a pessoa está num bar e paquera a outra pessoa é assédio?". Passou um tempo, chegou um carnaval e vi uma campanha de algum governo que dizia algo genial: "Depois do não, tudo é assédio". Então, pode paquerar, mas se a pessoa disse não, ela quis dizer não. Ninguém diz não para se fazer, isso é coisa que te contaram. A pessoa diz não para dizer não.

Assédio sexual no ambiente trabalho: óbvio que isso acima não se aplica se isso acontece no ambiente de trabalho e, sobretudo, se a pessoa tem alguma posição hierárquica superior a sua e isso não for consentido e te causar qualquer constrangimento. Aí você precisa buscar seus direitos enquanto mulher trabalhadora. Hoje existe um conjunto de coletivos de advogadas que podem te orientar.

Para mim, é preciso fazer com que Branca de Neve, a Bela Adormecida e Bela se revoltem, enfrentando a seus príncipes. Não sou estraga-prazeres e nem quero acabar com a infância de ninguém. Nem pensem que toda vez que Laura pega a Bela eu faço um discurso, até porque eu sou mãe, quase sempre estou cansada. Luto para que a informação seja amplificada e, na vida real, Belas de verdade consigam sair de casa, ir à delegacia, saber que eles não viram príncipes (quase) nunca. Para que Branca de Neve coma a maçã porque quis comer e quando o príncipe chegue perto os anões gritem e corram com aquele desconhecido de lá! Porque é isso que tem que acontecer quando uma das nossas meninas decidir experimentar álcool e, infelizmente, fizer uso abusivo (faz parte, já aconteceu com quase todo mundo), e um cara qualquer chegar perto e estuprá-la, porque, afinal, quem mandou beber? Quando nossas meninas e mulheres perceberem que aquilo é o início da cultura do estupro e de violência contra a mulher vamos começar a mudar a ideia de final feliz.

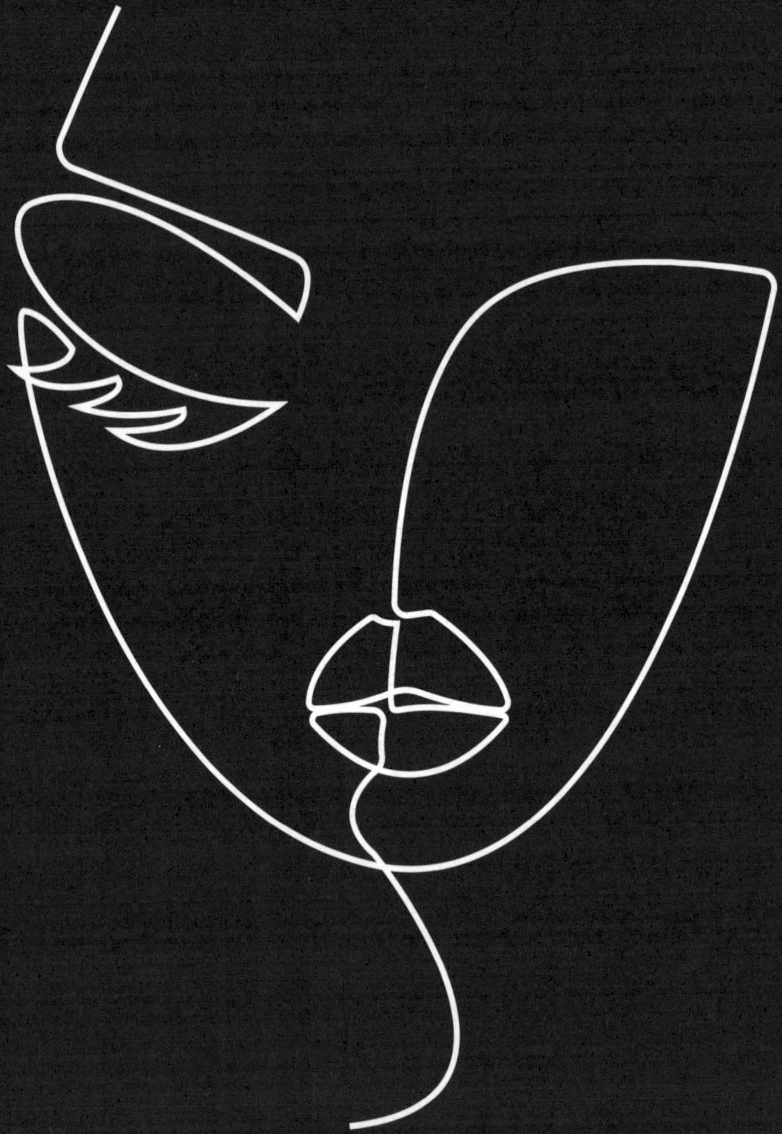

É preciso compreender como reforçamos a partir desses contos de fada determinados padrões de comportamento nocivos que buscamos romper em mulheres e para homens.

E você? Já tinha se dado conta do outro jeito de ler esses contos de fada? Qual deles mais te causa indignação enquanto mulher?

....
....
....
....
....
....
....

"Não trabalho e não sei trocar pneu. Posso ser feminista?"

A plateia riu quando Patrícia, uma brasileira de uns 55 anos, fez a pergunta para Marcia Tiburi durante um debate que realizamos em Lyon, na França. Mas Patrícia, uma mulher doutora em biologia – se não me falha a memória – que pactuou com o marido que cuidaria dos filhos, não estava fazendo piada. Ela estava falando de um lugar muito comum para muitas mulheres: o de sentir-se julgada e não acolhida pelas bandeiras e causas do feminismo que ela conhece. Marcia respondeu que em primeiro lugar é preciso entender que ela trabalha. Sim. O trabalho doméstico é invisível, desvalorizado, visto como inexistente. Entendo a Patrícia. Quando Laura nasceu, eu percebi que em meus círculos de mulheres não existia muito espaço – isso não significa que não houvesse possibilidade de criação desse espaço, mas não havia espaço para o exercício da maternidade que eu desejava. Como nós debatíamos a não compulsoriedade da maternidade, a não romantização da maternidade, o direito ao aborto, eu me sentia um pouco constrangida por ser muito feliz sendo mãe da Laura (apesar de exausta). Quando decidi não concorrer à prefeitura de Porto Alegre em 2016, ouvi de algumas pessoas que minha decisão era machista. Machista por dizer que uma mulher mãe de uma criança de 4 meses não pode tudo. Olha, realmente acredito que, eventualmente, não pode mesmo. Se esse tudo envolver concorrer a uma prefeitura. Dentro do que acredito e defendo, o pai de uma criança de 4 meses também não poderia. O erro está justamente em todos normalizarem a possibilidade de ele poder. Digo tudo isso porque, querida Patrícia, eu tive que construir espaços com mulheres para mim. E elas estavam ali. Elas já estavam. Eu não as conhecia, não as via. Já existia esse feminismo.

Com isso, quero dizer que sim, Patrícia, você pode ser feminista de muitas maneiras. Algumas de nós são militantes políticas partidárias. Umas concorrem a cargos eletivos. Outras militam em movimentos sociais. Outras vão às manifestações e organizam luta popular nos bairros. Existem feministas na literatura, na arte, na ciência. Existe aquela dona de casa, que não teorizou nada, mas ensina a filha e o filho para a liberdade. Ah! Essa feminista! Existe aquela jogadora de futebol que decide enfrentar a indústria e falar sobre seu salário diferente do dos homens e aquela empregada doméstica que decide denunciar o estupro. Existe aquela professora que acolhe a aluna trans e aquela cobradora de ônibus que me fazia sentir segura pra ir à aula todos os dias. Você pode ser a primeira mulher a ir pro espaço, ou ser a mulher negra que colore a invisibilidade histórica de suas antepassadas. Você pode ser uma mãe de santo enfrentando a intolerância religiosa ou uma mãe pela diversidade lutando para que sua filha não seja vítima da lesbofobia. Você pode estar só querendo amamentar ou parir ou não marcar uma cesária ou não sofrer violência enquanto seu filho nasce. Existe aquela feminista pioneira na sua profissão e também aquela que, como minha avó, sabendo o peso de não ter uma, me contava todos os dias o impacto da dependência econômica.

Você pode ser feminista de muitos jeitos. O mais importante é que você se reconheça nessa luta e que entenda que lutamos por amor e liberdade por todas as meninas, por todas as mulheres, por toda a humanidade.

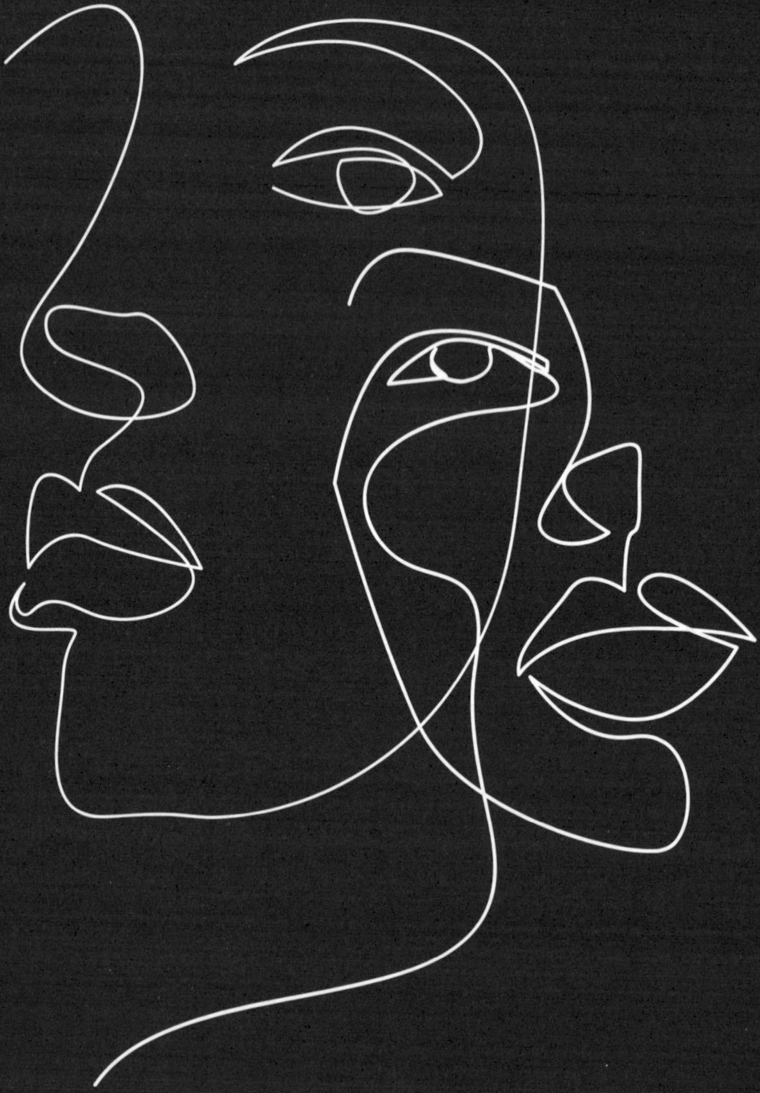

Você pode ser feminista de muitas maneiras.

Agradeço aos meus amores Duca, Gui e Laura, vocês são luz, raio, estrela e luar.

Aos meus pais, às minhas irmãs e ao meu irmão pelas histórias nessa vida.

Agradeço também à galera do Instituto E Se Fosse Você por embarcar comigo em todas as loucuras.

À Cris Lisboa, por enxergar sempre lá na frente e também por levar bolo de chocolate no pote.

E, por fim, às minhas amigas que escreveram contando aquilo que gostariam de ler sobre feminismo em um livro.

Notas de fim

[1] Marcia Tiburi, em *Feminismo em comum*, cunhou essa expressão.
[2] Vinicius de Moraes, em *Poema enjoadinho*.
[3] Formulação de Vilma Piedade.
[4] Cinzia Arruzza, Tithi Bhattacharya e Nancy Fraser escreveram *Feminismo para os 99% – um manifesto*.
[5] Vejam *Embrace*, documentário australiano dirigido e narrado por Taryn Brumfitt.
[6] "Anjo do lar" é um texto extraordinário de Virginia Woolf publicado em *Profissões para mulheres e outros artigos feministas*.
[7] Angela Davis.
[8] Entra na internet e pesquisa o Atlas da Violência, organizado pelo IPEA e Fórum Brasileiro de Segurança Pública. É um documento incrível.
[9] Em *O segundo sexo*, de Simone de Beauvoir.
[10] Atlas da Violência 2018, apresentado pelo IPEA e Fórum Brasileiro de Segurança Pública.

**Acreditamos
nos livros**

Este livro foi composto em Adobe Jenson Pro, Ruda Black e impresso pela Gráfica Santa Marta para a Editora Planeta do Brasil em outubro de 2019.